4

第4辑

2021年9月

上海教育出版社

卷首语

走向教师的专业共同体建设

吴　刚

学习共同体这个概念，在教师中已经耳熟能详，但是为何需要学习共同体，却未必清楚。“共同体”是我们理解人类社会性的一个关键概念，当今对共同体的诉求表达了人们在充满风险的现代社会条件下寻求归属感的希冀，对共同体的唤起表达的是我们对归属或存在的本体论需求。尽管“共同体”无处不在，但它是一个难以捉摸的概念，其含义往往模糊不清。共同体可指居住在同一地区或有共同点的人，如种族、信仰、性别、职业、特定利益等；也可以描述有大量的人参与的活动或事件。不管怎样，“共同体”一词似乎总能吸引我们的情绪，并创造出一系列积极的形象。所以，波兰社会学家齐格蒙特·鲍曼（Zygmunt Bauman）认为共同体感觉很好：不管“共同体”一词是什么意思，“拥有一个共同体”是好的，因为，共同体与“温暖”和舒适的地方联系在一起。

以此类推，我们可以发现，教师的专业共同体也是一个温暖的概念，能让教师感觉群体的存在和身份的归属。它呈现的是教师专业活动的社会性。但是，专业共同体不能简单地宣布，而只能通过共享的行动和经验而存在，这就是为何我们需要重新思考专业共同体的运作方式对教师发展的影响。对于专业共同体的确切特征，目前还没有普遍的共识，但对文献的分析表明，它们有五个共同的关键特征，分别是：

1. 共同的价值和愿景。当教师不能依靠其他人来强化目标时，一个共同的愿景、目标和对所有学生学习的关注是至关重要的，这有助于确保个人自主不会降低教师的效能。这个共享的价值基础旨在为共享的集体决策提供一个框架。

2. 集体责任。专业团体的成员始终对学生的学习担负集体责任。这种集体责任有助于保持承诺，对那些没有相应贡献的人施加同侪压力和责任驱动。

3. 反思性专业探究。在专业学习共同体，成员通过时常检查自己的实践，通过相互观察和案例分析，共同规划和课程开发来寻求新知识。他们进行反思性对话，将隐性知识转化为共享知识，然后定期将新的想法和信息应用到解决问题和解决学生需求的方案中，寻求实践的去私人化的途径。

4. 协作。相互依存感是协作的核心，并对参与者产生影响，例如，联合审查和反馈。没有这种协作，就不可能实现更好的教学实践。虽然在共同体内依然有冲突存在，但不同的意见是可管理和可预期的。

5. 无论是团体还是个人的学习都受到促进。所有的教师都是与同事一起学习的人，其专业的自我更新是一个共同特征。集体学习也很明显，通过集体知识创造，学校学习群体相互作用，进行认真对话，并对信息和数据进行讨论，对它们进行集体解释并在它们之间进行任务分配。

改变教师的课堂行为一直是学校改进的最大挑战之一，这也是专业共同体运作的主要目标。似乎在真正具有共同体意识的学校中，工作效能感的增强会导致课堂动机和工作满意度的提高，随之而来的是学生学习的集体责任感的增强。因此，专业学习共同体与实践改进之间的路径并不一定是直接的，相反，专业共同体似乎通过创造一个支持创新和实验的环境来促进课堂实践的变革。越来越多的国际证据表明，在发展专业学习共同体的地方，教师的知识基础可以得到增强，对教师的课堂工作能产生更广泛的重大影响。

构建专业对话，关注持续且合作的专业发展是促进专业共同体的一种机制。合作的专业发展机会对教师的自我效能感、对教师改变学生学习能力的信念、对合作工作的热情会产生积极影响，并推升他们改变实践和尝试新事物的意愿。概言之，专业共同体是一个兼具价值认同、情感联结和集体智能的组织，它使我们教育工作者能够以一种合作的有力方式应对不可知的未来变革。

（作者系华东师范大学教育高等研究院教授）

Shanghai Teachers

第 4 辑　CONTENTS | 目录

行走纪事

"同框修行"中的共同体（上）
——徐崇文和他团队的五项修炼
吴国平　杨瑞萌　张良禹（7）

论坛
数学建模与教师行动

从新课程实施到新教师成长
张民生（15）

基于课堂的高中数学建模单元教学设计
徐斌艳（17）

运筹学视角下的数学建模核心素养解读
余长君（22）

数学建模的教学与评价建议
朱　雁（25）

基于核心素养的高中数学建模实践探索
李晞鹏（28）

数学建模在青少年 STEM 教育中的应用
冯碧薇　杜金金（33）

高中数学建模的育人路径探索
——以上海市新中高级中学为例
刘爱国（37）

"双新"背景下数学教师专业发展
胡　军（44）

大中小学德育一体化

大中小学德育一体化的评价指标设计：原则、要素和维度
汪斌锋　王秋艳（47）

一体化背景下道德与法治课程建设的思考

张尚达（55）

教师发展

精准培训　提质增效

——对“十四五”时期“国培计划”示范项目政策的认识

余　新（62）

基于推拉理论的乡村教师职住分离探析

黄得昊　孔　苏（69）

课堂教学

教育：让人拥有对话世界的力量

李百艳（77）

CLASS 视域下见习教师课堂互动现状研究

——以上海市 X 区为例

王瑜瑾　杨爱娟　董学平（91）

未来教师

中小学信息技术教师职业认同及影响因素调查研究

——以 X 市为例

王金梦　刘胜男（102）

国际比较

牛津大学的 PGCE 教师培训项目及其运作经验

王　旦　王　荐（112）

调查

教师教学效能感问卷的编制：兼顾普教与特教教师的测量

席居哲　黄白金　王陆静　于慧珠　左志宏（119）

CONTENTS

The Design of Evaluation Index for the Integration of Moral Education in Universities, Middle Schools and Primary Schools: Principles, Elements and Dimensions

…… *WANG Binfeng* *WANG Qiuyan* (47)

Thoughts on the Construction of Curriculum of Morality and Rule of Law in the Context of Integrated Development of Primary, Secondary and Higher Ideological and Political Education

…… *ZHANG Shangda* (55)

Targeted Training Deliver, Improving Quality and Efficiency: Understanding of the Policy of the Demonstration Project Attached to the National Teacher Training Plan During the 14th Five—Year Plan Period

…… *YU Xin* (62)

An Analysis of the Separation of Rural Teachers' Occupation and Residence Based on Push—Pull Theory

…… *HUANG Dehao* *KONG Su* (69)

Education: Let People Have the Power to Talk to the World

…… *LI Baiyan* (77)

A Study on the Current Situation of Classroom Interaction of Trainee Teachers from the Perspective of CLASS: Take X District in Shanghai as an Example

…… *WANG Yujin* *YANG Aijuan* *DONG Xueping* (91)

A Study on Influencing Factors of Information Technology Teachers' Professional Identity in Primary and Secondary School: Take X for Example

…… *WANG Jinmeng* *LIU Shengnan* (102)

PGCE Teacher Training at Oxford University

…… *WANG Dan* *WANG Jian* (112)

Development of an Efficacy Questionnaire for Teachers in Ordinary and Special Schools

…… *XI Juzhe* *HUANG Baijin* *WANG Lujing* *YU Huizhu* *ZUO Zhihong* (119)

[编者按]立足上海教师教育的实践土壤，尊重学术规律，不断强化问题意识，探寻时代关切的重要命题，以此构建《上海教师》的话语体系，是《上海教师》发展指向。为此，《上海教师》特推出“行走纪事”专题，行走在上海教育的田野里，为耕耘上海教育之人纪事，以此呈现上海教师的独特画像。本辑中吴国平老师及其团队开展系列行走，梳理出教师学习这一核心议题，以徐崇文及其团队发展对教师学习进行反思重构。本研究尝试突破已有的学习共同体的研究框架，贯穿上海教师教育的研修传统，创设“同框修行”的基本结构，呈现出徐崇文团队的五项修炼。篇幅所限，本辑仅呈现前两部分内容，后续敬请期待下辑。

“同框修行”中的共同体(上)

——徐崇文和他团队的五项修炼

吴国平　杨瑞萌　张良禹

一、引言：行走中的感悟与上海教师经验的超越

教育，在今天还有多少自己的发言权，身处一线的工作者应该感受最深。减负，课改，已经持续喊了三十多年，未来还在路上，但对于一线教师来说，疲劳的应该不只是一减再减的审美；PISA的引入未尝不可以成为静心自我反思和总结的一个契机，唯演变为故事体，诚不知是机智还是机巧。于此，上海教师作为一个符号已是命数。

如同上海教育，上海教师名曰上海，实乃中国教师之典范，是近代以来集举国教育人才之精华于沪上一地，在漫长的岁月里所积淀形成的中国教师风范，这才是研究上海教师的特殊意义。恢复教育秩序以来，沪上中小学校名师荟萃，不乏大家耳熟能详的名家，其间独有一位闻名而清静的长者——徐崇文，他和他团队修炼的风格引发了我们行走的兴趣。

学习行为最初发生在共同的生活中，在面对共同的生活场景时，人们相互影响、协力完成任务、修正个体经验、促进共同体的凝聚。本文将这一现象称之为“师生同框”——师生在共同的学习生活中相互影响、共同成长。这里，“同框”有表里两层含义：表层为共同的生活；里层则表现为特定的结构。徐崇文自20世纪80年代起即和他的团队开展教育科研实践，取得了显著的成果。进入21世纪，他带的团队不仅突破了一地，影响了几代人，至今还成为引领上海乃至全国教育科研的风向标杆。鉴于教师教育研究的滞后，既往徐崇文的成果只是被视作教育科研的典范，随着我们行走的延展和认识的加深，“同框修行”浮在我们的脑际，它映射了徐崇文和他

的团队修炼共同体的场景，也彰显了传统中国的文化特征。

教师的学习有别于普通人的学习，学用结合，解决实际问题，是教师学习的基本旨归。就是说，教师的学习除了在一般意义上提升文化知识，更重要的是解决“教—学”的效能问题，提高指导学生学习的能力和水平，因此教师的学习属于专业活动。问题是，如何组织教师的学习才有助于专业成长，这不仅是一个世界性的难题，也是回应教育专业属性的重大挑战。徐崇文和他的团队以学习科学研究所为载体，在实践、研究的过程中进行了五项修炼：找到真实的问题；形成必要的学习规范；保持学与行的有效互动；持续不断的思考和探索；构建进取、亲和、民主的学习文化。五项修炼，构成了徐崇文团队同框修行的基本结构。

二、第一项修炼：找到真实的问题

职业学习，是职业人面对职业问题而进行的认知活动；教师学习，则是教育者针对授业[①]活动而展开的“知—行”互动，一般包括授业目的、授业内容、授业形式、授业成效的评估、授业对象特点等。由于授业活动的影响因素比较复杂，不仅各因素多是变量，且没有一个变量不会受到其他变量影响，造成授业成效的巨大差异，可以说不同时期出现过的各种经验、法则、理论等都是对上述变量的不完全总结，其临床表现既不会全然无效，也不会决然有效。这是教师职业专业属性引发质疑的根本原因。因此，要使教师学习趋于专业，首先需要找到授业活动中存在的问题。这原本是学校教育科研的初心，本文暂且按下不表。

（一）问题的中心是“疑”与“难”

我国学校教育科研肇始于20世纪80年代，涌现出像李吉林的情境教育研究等一批成果。上海就是在那个时候命名了“青浦教改研究所”“愉快教育研究所”“成功教育研究所”“张思中外语教学法研究所”以及“学习指导研究所”五大研究所，其中的“学习指导研究所”就是当年由徐崇文开创并建立起来的。这些研究成果不仅产生了较大的影响，也对学校教育科研的发展起到了重要的引导作用。随着学校教育科研的制度化、形式化、大众化，原初意义上的问题意识渐趋模糊，甚至丢失。今天，课题申报与评审中的各种缺憾莫过于教育问题的迷失最为突出。

从教者都有体会，“高考成绩”“教学质量”，这些是我们在教学实践中经常会遇到的问题，但对于这些“问题”的理解认识却可能大相径庭，进而引发截然不同的应对方案，“激发兴趣”和“一课一练”可以说就是两种极端认知的典型。其实，考试成绩、教学质量是直到今天国际上都极其重视的学业质量问题。需要注意是，这里所说的“问题”，确切地说是“难题”，有别于我们通常所理解的“话题”。根据亚里士多德的观点，所谓问题是在探索事物的时候探索者根据对事物的先前把握，以“是”与“否”的方式，在自己面前就事物所提出的疑问。即是说，问题有三元素：主体实践；是与否的判断；疑问。陈桂生提出，“中文里问题就两个含义，一个是疑题；一个是‘成问题’，就是难题”。[②]据这样的标准来看，我们在教育研究中有多少真问题？又有多少无病呻吟？

徐崇文是怎么找到研究中的问题的呢？

（二）对问题的洞察、发现、诊断与界定

徐崇文说，当时上海教师学历不合格的人较多，教学秩序混乱，教学水平参差不齐，教学质量不高。学生不要学，没有动力。所以他们就研

---

① 在不同的教育语境中，会出现“教育”“教学”“教—学”“教”等用语，由于各种用语背后的概念都有其历史含义，在日常的教育交流中经常交叉混用，以至于影响到讨论的深入。相关概念的理解可参阅陈桂生的《常用教育概念辨析》（华东师范大学出版社2009年版）。

② 陈桂生，胡惠闵，黄向阳．关于教育研究中“问题意识”问题的对话[J]. 上海教育科研，2014（2）：32-33+20.

究学习兴趣、动机、意志力等非智力因素，研究学习方法，这就有了后来的学习指导研究所。

那时的研究自由度较大，取决于领衔人对现实问题的把握。1987 年 5 月上海市教育局公布了首批重点教育科研课题，全是自由申报的，徐崇文主持的初中生非智力因素的发展与教育综合实验研究就是其中一项。20 世纪 90 年代教育科研还是有较好的发展。教育科研没有大的框架的限制，考验的是研究者对教育改革与发展趋势的敏锐洞察力以及发现问题、诊断问题和界定问题，进而形成课题的能力。以徐崇文的研究为例，他们一个团队 20 世纪 80 年代开始研究学生学习问题，包括学习心理的课题 1987 年立为首批市重点课题，后来又申请一个学习方法的市级课题，一直做到“八五”结束的 1995 年，十年磨一剑。1996 年他们在前面研究的基础上，把学习心理和学习环境、学习方式方法手段技术综合一起，申请教育部重点课题，即徐崇文主持的“义务教育阶段学生学会学习研究”，被批准立项为“九五”教育部重点课题。这是零的突破。这个课题研究成果获得上海市教育科研成果一等奖。接着徐崇文主持研究了“十五”教育部重点课题“义务教育阶段学生学习潜能开发研究”和“十一五”教育部重点课题“基于脑科学的学习潜能开发深化研究”。这些研究既紧密结合上海的课程改革，在学习方式变革方面进行探索，又学习运用多元智能理论和脑科学研究成果，开发学生的学习潜能。连续三个五年计划研究教育部重点课题，直到 2011 年结题，通过鉴定，研究成果也获得上海市教学成果一等奖。

（三）问题的分解和与时俱进的深化

徐崇文从学生“不要学”“没有动力”这些表象出发，发掘出学习者在“学习兴趣、动机、意志力等非智力因素”方面存在着问题，进而思考研究学习方法，并将其作为学习指导研究所一以贯之的使命。我们不妨回顾一下学习指导研究所成立以来剖解问题的路径：

从 20 世纪 80 年代初开始研究学生的学习问题，“七五”“八五”用十年时间研究上海市重点课题“初中生非智力因素的发展与教育”“初中生学习指导的理论与实践”。

“九五”研究了国家教委重点课题“义务教育阶段学生学会学习研究”。

“十五”研究了教育部重点课题“义务教育阶段学生学习潜能开发研究”。

“十一五”研究了教育部重点课题“基于脑科学的学习潜能开发深化研究”。

近年来又持续研究上海市重点项目“适于脑的学习模式构建与应用研究”“为意义学习设计——知识可视化工具教学应用”。

从非智力因素入题，到学习指导，再到学会学习，进而是学习潜能，随即是脑科学和适于脑的学习模式等，徐崇文和他的团队对于新时期以来我国基础教育面对学业质量问题，始终扣住“学习”这条主线，思考问题，提出假设，解决问题，不断深化对问题的认识和处置能力。可以说，这是他们不断修炼的成果，也正是通过这样的修炼，使他们对教育问题的领悟更具穿透性。作为第一线的教育工作者，长时间以来徐崇文和他的团队能够持续不断地获得国家级、省市级教育科研课题并不断获得优秀成果，就是这种修炼的证明。

在这样的环境熏陶下，以研究所为基地培养了一批优秀的教育科研人员，在我们行走中由徐崇文、魏耀发等带教指导的成员吕洪波、梅洁、王天蓉等，每到一处都可以看到一堆又一堆的研究成果。目前，宝山区的问题化学习研究项目和青浦区的深度学习研究项目呈现出良好的发展态势，总结了系列研究成果，不仅对团队成员的研究形成了示范，还对区域内外的教育实践起了引领作用。

为了促进成果的推广，这些年来，学习指导研究所编写出版《学习指导与评价》刊物 18 期，刊载论文 100 多篇，合计编撰作品逾 80 万字。其中，选编了“核心素养”“学生自主学习”和“创新教育”三个专题情报，出版“学生学会学习与潜能开发”成果推广丛书，以及绘本《我是小学生了》（上、下册），为幼小衔接提供了学习指导材料。

三、第二项修炼：形成必要的学习规范

学习活动并不是人类的专利，有机体有记忆功能，不少哺乳动物有初步的学习机能，这些都与学习活动有关。人类的学习更高级，表现在更有目的性、更具系统性、更有机动性。从广义来说，生活着的人们都处于某种特定的学习状态中，某种食物好吃、某个机构有衙门作风、乖巧卖萌可以得到赏赐或赞美、宠物狗一般不咬人……这样的学习常常是自发的，多半是随机的，慢慢转化为人们生活中的经验。比较而言，专业性的学习目的更清晰、内容更有针对性、形式更有成效。教师的学习被认为是专业活动，殊不知，在这条专业化的进程中充满着不确定性的挑战。

（一）教师专业学习中的变量

教师职业的构成元素比较复杂，包括授业内容和方法、作为教育对象的学生、国家的教育要求、所在学校的办学文化，等等。这些元素多是变量，且相互影响，因此它们的关系十分复杂。限于篇幅，试举一二以说明。

先说学生，作为对象的学生既是单数概念又是复数概念。作为单数概念的学生是具体的，张三李四每个都不同，有个体差异，有地域文化差异，还有时代特征；作为复数概念的学生是群体的，群体无时无刻不以自己的方式影响着个体，引导着个体的内在价值和外在行为。法国社会学家古斯塔夫·勒庞就认为，广场上的个体并非人们所看到的在表达理性诉求，而是受到群体控制的一种非理性的乱暴，他甚至不惜以“乌合之众”来冠名他的发现和学术成果。这是群体操控个体的一种典型。回到教育中，第一个发现学生群体对学生个体产生影响的教育学者是苏联教育家马卡连柯，因此他倡导需要对学生集体进行教育。虽然我们认识到了这些问题，但是如何有效地培养集体、引导个体在集体中健康成长，迄今以来的教育理论和实践经验都十分有限，因为其中的变量太多且难以有效控制。

再以教育目的为例，教育有外在目的、内在目的，杜威还提出教育没有目的。说教育没有目的，是因为杜威认识到强调目的容易引发目的和手段的错乱，其思辨原理和老子的“圣人出有大伪”进而主张“绝圣弃智”是一个道理。纵观世界各国教育还都声称有一定的目的，有的以“目的”形式宣称，有的以“政策”形式颁布；有的由政府下达，有的在民间传播。这些都属于外在目的。“学会数理化，走遍天下都不怕”是这样，“以德育为核心、以创新精神和实践能力为重点”同样如此。所谓内在目的，是实际教育教学活动中所传递的价值。凡行为都有价值，区别在于取值及大小。表扬乖巧既是引导秩序，也是鼓励听话；包容出错既可能纵容缺点，也可能引导创新。外在目的多是一种“宣称”，内在目的则是行为的“流淌”。在校园里四处张贴“一切为了学生”，这是一回事；要求学生配合表演以应付检查是不是“为学生”或者“为了学生的什么”，那是另一回事。根据马克思的观点，在阶级社会中各种社会行为都会被打上阶级的烙印，就此可以确认的是，无论主张何种教育目的，在今天都必定会受到政治因素的支配，如此对于近年越发受到关注的各种内卷现象以及对补习机构的整顿就不难理解了。

上述一番若即若离的论述可以帮助我们理解，为什么教师专业化命题提出多年却困难重重，甚至不乏受到社会的质疑。教师在面对如此复杂的职业局面中，学习是必不可少的，甚至是伴随整个职业生涯的。问题在于，如何规范这样的学习，徐崇文在他的团队实践中尝试“‘打靶’+任务驱动”的模式。

（二）集思广益、相得益彰的“打靶”训练

我们知道，在高校研究生培养环节一项重要任务是论文的撰写。根据论文写作要求，上来先要进行一项“开题”训练。学生把准备研究的内容以及研究方法等做一个系统的汇报，随即由导师团队对该研究从概念、命题到方法等提出意见，以规范论文的写作。其间，各种批评、质疑甚至否定性意见不断，开题者的心理从一开始的自信满满，到开完题之后的近于崩溃，有师生借

用射箭运动的直观形式，把这样的训练方式戏称为“打靶”。“打靶”的好处是聚焦任务中心，汇集各种意见，有利于解决问题，达成任务。这种训练制度最初是从高等教育成熟的西方社会引进的，事实证明它对提升学术研究的规范和成效起到了积极的作用，初期我们还不时能听到师生之间在“打靶”过程中尊重知识、维护独立意志的各种轶事趣闻。

徐崇文很好地发挥了高校开题中的“打靶”经验，把它跟在职教师的研究、成长衔接起来。相较于大学的开题，徐崇文在前期引导和内容指导上更为深入。具体而言，研究所在前期会先给教师提供一般性的学习讲座，教师结合各自的成长经历，根据平台的要求申报一些项目课题。这些课题作为“靶子”，会受到来自专家、学员同行炮火般的批评与质疑，并且相较于大学，这里的意见会更加注重实践，更接地气。在徐崇文的研究所接受过培训的教师都忘不了“打靶”的经历。

【徐崇文】在主持市名师基地的过程中，我和我的团队特别注意提升学员的学养和研究能力，要求每位学员都要认真研读指定的书籍，并结合教学实践中的问题申报课题。每位学员的课题立项申请书要在基地的学习会上，对全体导师、学员报告，大家一起研讨点评。这被学员们称为“打靶练习”，大家集思广益、相得益彰，收获良多，也取得了极为显著的成果。

【魏耀发】“打靶练习”的主要活动方式是由一名学员先进行汇报交流，如汇报课题方案，然后由导师和学员共同质疑提问并给出研究建议。汇报的内容是一个“靶子”，“打靶”过程是对学员的理论素养和研究能力的检验和提升，受益者不仅是汇报者，还有“打靶”者。

案例①：2012年7月2日全天，第三期“双名工程”教心基地二组的学员和导师济济一堂，在进才实验小学会议室开展了深入的课题选题交流。

学员吕萍和陈媛分别介绍了自己的选题。来自浦东教育发展研究院的吕萍选择了“儿童科学前概念的临床分析与应用研究”作为自己的选题方向，她详细介绍了选题缘由、核心概念以及前期的资料梳理，显示了她深厚的研究功底和饱满的研究热情。来自市东中学的陈媛选择了“积极心理学在班级文化建设中的应用研究”，从实践意义与理论价值、国内外研究现状、研究目标、研究内容等方面进行了详细汇报，体现了她多年的实践基础，以及对现实问题的敏感性。

汇报后，数位基地导师针对两位的课题方案进行了深入的点评与指导。针对吕萍的课题方案，张才龙老师指出，科学概念很重要，如何引导学生从“前概念”往科学概念靠拢，可能存在一个重要的中间地带——“准科学概念”，需要做更多深入的研究；吕洪波老师希望进一步明确是理论性研究还是实践性研究，更关注文献、数字背后的结论，还是更关注孩子如何掌握概念；李彦荣老师指出“临床”与“应用”可能存在重复，建议进一步思考“前概念”与“临床分析”的关系处理问题；王洪明老师则希望明确本课题是儿童心理研究还是儿童教育研究，弄清与皮亚杰的临床法的区别。

针对陈媛的课题方案，李金钊老师建议方案中多介绍一些“积极组织系统”的内容；张才龙老师指出“积极心理学”还不是很成熟的学科，结论不一定可靠，提醒大家在引进西方理论时，要注意本土化过程中的变数，同时肯定这一选题接地气，希望用拿来主义精神做好这个课题；王洪明老师觉得题目太大，缺少操作性定义，建议缩小为“行为文化”，并提醒作为非班主任老师，操作和推进过程中可能存在困难；吕洪波老师认为课题方案中积极心理学与班级文化还是两张皮，建议要建立起内在联系，重点应该放在班级文化上，题目可改成“基于积极心理学的班级文

① 本案例选自魏耀发提供的《第三期“双名工程”五年基地工作总结——教心二组》。

化建设”；祝庆东老师介绍了普陀区一所学校开展的民主型班级课题研究，已经有专著，可以作为参考资料，关于积极心理学的三个层面、九个特质，也有大量的研究资料，希望能加强文献综述，在研究目标和内容的表述上再下点功夫。

这样的训练，让学员们当时就留下了深刻的印象。

【吕萍】我印象比较深的是教心基地的“打靶”，被当作“靶子”实训了一下。在进入基地不久，导师就提出了每个学员要进行选题，找准研究方向，每个人要被“打靶”，这着实给了我一个很大的挑战。为了应对，我精心准备。因为准备比较早，也比较充分，就先行一步——申报了上海市教育科学研究项目，后来被立项为上海市教育科学研究市级项目。同时，也在学员中第一个被“打”，导师们提出的意见给了我非常大的启示，为我进一步深入研究提供了非常好的意见和建议。

【陈媛】基地的学习过程中，让我收获最大的是“打靶”式的交流指导，一年里，我们进行了课题研究方案和个人专业发展规划的交流，交流中导师们的一一点评给了我们最直接的帮助。在课题方案的交流中，我以“积极心理学在班级文化建设中的应用研究”为题进行了详细汇报。针对我的课题方案，导师们的点评帮助我突破了自己个人思维的局限，打开了研究思路，更增添了研究的信心。

【杨海燕】我选择的课题是“合作学习的课堂分析”，本来我对这个选题还比较满意，因为这是我比较感兴趣的一个课题。在与中小学老师一起合作研究的过程中，我们围绕小组合作学习进行课堂研究，并采用一些课堂分析的技术，对学生的学习状态、进步度等开展实证研究，力图通过分析学生的学来影响教师的教。但在我汇报完选题之后，好几位专家都认为这个课题选题意义不大，因为合作学习的相关研究太多，要取得突破和进展比较困难。听了专家的点评，我也一直在反思，这个选题的价值和定位究竟何在？如果为课题寻找到一个新的研究视角，或者寻找一个国际上比较常用的课堂分析的技术手段来为课题增加亮点和新意，这些都是我在今后的研究中需要重点考虑的问题。

【杨娇平】在课题选题与方案的设计上，不同导师对不同课题的看法和指导建议，就是不同的视角和思路，既丰富了对问题认识的全面性和独特性，又促进了思维方式的改进和融合。多次的讲座，不仅了解了专家介绍的某一领域的专业知识，也了解了专家的研究路径和思维方式。

【梅洁】在基地里我们每个人都要报选题，谈自己的研究方向，谈自己是怎么确定选题、怎么选择研究方向的。在选题之前我们会有一些辅导，包括课或者专家报告，但关键是我们自己确定的题目，选完了以后，我们每个人要去汇报，每次台下都会有一批老专家，包括燕国材、谢利民教授等。这些专家指导团不是就听你做一个报告，除了做报告以外，在我们学员谈各自的课题和研究方向的时候，在每个人介绍完之后，既有专家给你的建议，同时有学员提出意见。我们那时候管这叫“打靶”，就是对你这个课题提问题提建议，在这个过程当中帮助你丰满自己的思维，然后帮助你优化研究方法。其实因为每个课题在做的时候一定会有很多很多的困惑，在“打靶”的过程当中一方面可以分享成果，另一方面专家又会给你提建议，帮你完善。

【王天蓉】其实我当时在基地学习的时候，徐老师就把我当靶子，他说把你的课题拿出来，我们要做打靶练习，然后他也会请很多专家过来给我们打靶。对于我自己的课题，我记得当时很多专家提了很友善的建议，他们说天蓉你这个课题如果要真的搞到学科里去，是要自己给自己找棺材睡的。你就像搞一个语文也够累的对吧？那要搞那么多学科搞不下去的。他说还是建议你从教师专业发展这种角度去切入。但是后来我觉得不行，我觉得还是要走学科的。因为我们在区县一级的教育学院的话，我们再不走学科不搞课堂的话，我觉得这东西是没生命力的。

“打靶训练”反映了徐崇文团队对于研究方法和方法论的重视。另外，在给学员们传授要领的时候，十分注重方法论，在这里不是单纯地开设讲座，而是开展了一个很系统的训练。

【梅洁】大家有自己的学科领域，有自己的研究方向，但是在徐老师的教心基地中，他会把你的学术方法和方法论的功底这一块做得很扎实。徐崇文老师很注重的一块就是方法与方法论，比如说怎么做质性研究。当时请到上海的专家团队可能有 20 多个，他们有时候上午一个讲座、下午一个讲座，有时候上午讲座、下午学员分享。当时在方法与方法论这一块，我们基地有一个系列课程，徐老师做了一系列的安排。所以大家可能来自各个学科，但是从方法论入手，我们老师都能受益，都能和自己不同的专业结合起来。

【王天蓉】我以前也很纠结，作为一个科研员的话，其实我们很容易陷入那种纯方法论，我们很难深入不同的学科中去，这是我们很多科研所遇到的一个很大的瓶颈。因为我们本来受自己的这种知识结构的局限，哪怕你在学校担任过某一个学科，你也很难有底气去说我要在不同的学科去深入下去。

所以徐老师说一辈子做研究，中小学大有学问，教学就是教学生怎么学习，在科研方法论上他是讲究科学人文主义。教育学科是蛮复杂的。一门学科它不是什么自然学科，也不仅仅是社会学科，它的学科性质本来就比较复杂。苏霍姆林斯基说“把我们所有的心灵都献给孩子”，作为人文学科难去定性，它的研究范式也就比较复杂。所以徐老师多次带我到上海教科院下面的一个科研骨干教师的培训班，然后他在上面讲方法论，再给我一段时间讲具体的做法。其实我在这个过程中也是一方面学习理论，另一方面知道自己具体应该怎么做，这些都是在基地里面两位导师给我们的一些好的影响。

（三）任务驱动——在教师教育探索中引航

学习的发生是在目的、任务的驱动下，有结构的一种认知体悟。“比起其他生物来说，人生来就是一个灵活的学习者、主动获取知识和技能的行动者。人学到的很多东西并不是从正规的教学中得到的，而是通过高度系统的有组织的信息系统学来的——阅读、数学、科学、文学以及一个社会的历史——需要接受正规训练，通常这种训练在学校中进行。随着时间的推移，科学、数学和历史知识不断增长，内容越来越复杂，这给学习带来了新的问题。学校中所教知识的价值在应用到学校以外的情境中时其适用性开始受到质疑。”[①] 为什么“学校中所教知识的价值在应用到学校以外的情境中时其适用性开始受到质疑”？这与其中提到的“社会的历史”有关。正规教学中所获取的各种知识需要接受社会实践的检验，而这样的实践是需要训练的，因此在英语国家，强调“知识的建构”，这也构成了社会学和认知心理学的一个基本概念。中国古人没有“建构”一说，却十分注重“体悟”，突出主体认知的地位，注重认识活动中“知—行”的互动与贯通，在“体认”“参悟”的背后强调的与其说是思维，不如说是智慧。这是中国式的生命哲学，也是徐崇文以任务驱动其团队学习的经验。

2004 年上海市教委开始筹划名师名校长工程。徐崇文、顾志跃[②]、唐盛昌[③]被上海市教委人事处招去一起研究市“双名工程”的实施方案和操作流程。2005 年成立了上海市“双名工程”办公室和项目组，各区县推荐选拔优秀学员作为名师名校长后备人选，推荐申报名师名校长基地主持人，市教委组织专家评审，最后第一期选出 1200 名学员，评选出 23 个基地。接着就是学员报名进基地，由于规定一个基地最多只能招 14

① [美] 约翰·D·布兰思福特，等．人是如何学习的——大脑、心理、经验及学校 [M]. 程可拉，等译．上海：华东师范大学出版社，2002：1.

② 曾任上海市教育科学研究院副院长、浦东教育发展研究院首任院长。

③ 上海市教育功臣、上海中学原校长。

名学员，最多只有 300 多人可以进基地学习，没有进入基地的 800 多名师后备后来都进了高级研修班。徐崇文当时被选为教育心理学科基地主持人，招了 14 名学员，同时还兼任办公室项目管理组组长，负责办公室的日常管理。

市“双名工程”提出的目标是出人才、出经验、出成果，教委成立了“双名工程”办公室，人事处处长兼办公室主任，以项目组的形式进行管理。项目管理组负责日常管理，由徐崇文负责。分设校长基地管理组，唐盛昌任组长；名师基地管理组，顾志跃任组长；文库出版组，顾鸿达[①]任组长；课题管理组，苏忱[②]任组长。第一期工程到 2007 年底结束。

【徐崇文】第一期教心基地的学员王钢、吕洪波、祝庆东、俞定智、陈德华、姜兰波、王洪明被评为特级教师。这些老师都是各区的骨干力量，出人才的目标还是达到了。

第二期“双名工程”从 2008 年开始到 2011 年结束，我请魏耀发做我的副主持，又招了 14 名学员。和第一期一样，我的教育部重点课题仍在做，他们在学习过程中也参加一些我的课题活动，要求他们自己根据自己的研究方向报课题，立题后就享受市级课题待遇。

第二期基地学员一半是教育科研教师，一半是心理健康教育教师。教育科研教师如朱连云、王天蓉他们都带着区里一批科研员、教研员和中小学教师一起研究，推进本地区的教育改革发展，成效卓著。心理教师如梅洁、鞠瑞利，他们也是带领本地区的心理教师一起研究，把读书、研究、实践结合起来，做得很有成效。基地就是一个学习型组织、学习共同体。大家一起听专家讲座，一起研讨交流，一起争论质疑，并且组织听课评课，到展示活动现场学习研讨，调动多种资源，开展形式多样的活动，取得较好的效果。第二期的学员现有朱连云、王天蓉、梅洁、鞠瑞利、杨珊被评为特级教师。现已有多名被评为正高级教师，在第三期“双名工程”中成为基地主持人，成为攻关计划、高峰计划领衔人。

上海市前两期“双名工程”与上海教育出版社联合为学员设立了优秀成果精选“成长文库”出版专项。经过严格的申报、评审、立项及书稿审评，一百多个基地和高级研修班，两千多名学员，两期共选出 39 本书由上海教育出版社正式出版，其中有徐崇文基地的 8 本，占近五分之一，这是团队共同努力的结果。

不难发现，徐崇文和他的团队延伸并活用了学术研究的基本规范，使那些原本限于理论研究的学术规范延伸到了教师教育实践进程中。可贵的是，徐崇文不仅弘扬了学术研究的基本规范，并且坚持了问题从实践中来到实践中去的原则，使其团队的研究避免了常见的学究式的闭门造车。纵观徐崇文和他的学习指导研究所几十年研究所积累的成果，之所以能够取得今天的成绩，他们在学习活动中所形成的“‘打靶’+任务驱动”的学习模式，为徐崇文和他的团队在分解问题、解决问题、梳理经验、锻炼队伍等方面找到了切实有效的路径。说它是徐崇文和学习指导研究所的成果没有疑问，说它是上海优秀教师成长的秘籍也不为过，它为我们超越故事真正研究上海教师成长的足迹保留了生动的素材。

（责任编辑：汪海清　黄得昊）

① 曾任上海市黄浦区教育学院院长。
② 时任上海市教育科学规划办公室常务副主任。

数学建模与教师行动

[编者按]新课程、新教材的深入实施对教师的专业发展提出了新要求，也带来了新理念和新机遇。在新时期立德树人根本任务的要求下，关注学生核心素养的培育是时代赋予的关键命题。建模素养贯穿数学课程始终，是新课程、新教材实施过程中备受关注的议题。为了探索这一时代性问题，《上海教师》编委会、上海市师资培训中心与上海教师发展协作联盟联合主办“新课程　新教材　新教师——数学建模与教师行动”专题论坛。

在过去的疫情期间，我们感受到非常多的不确定性，在这个过程中我们不断试图去寻找一个模型去做一件具有确定性的事情。因此，我们想到数学建模这一主题。在新课程、新教材的背景下，教师曾经可掌控的课堂教学感觉，可能是在这样的情况下消失了。我们在想是否可以寻找这样的模式，通过我们的研修，通过我们的探讨，通过我们的反思和学习，帮助教师在新课程改革、新教材到来这样的情况下，寻找到一些确定性。《上海教师》论坛愿意做出联结，与专业领域研究者、教师教育研究者、校长、教师等共同探索经验和分享智慧。

从新课程实施到新教师成长

张民生
国家教育咨询委员会委员

“用不同的眼光去看风景，会有不同的感悟。”这是我今天听了论坛发言后的一个体会。本次论坛的主题是关于数学建模和教师行动的交流研讨，几位发言者从自己的视角谈了“建模”。徐斌艳教授与刘爱国校长从学科、学校层面谈了数学建模教学设计与育人功能。黄健博士则从全球视野深度分析了国际上关于数学建模教学和竞赛的经验。王华老师没讲建模，而是论述了优秀数学教师的特征，这促进了我们的联想。其他学者教师也各有切入点。这些发言揭示的不仅是关于建模本身的教学和竞赛问题，还有学生通过建模学习后的成长，以及教师队伍在这个过程中的不断发展。总之，所有的发言都直指今天新课程新教材推进中，教师面对改革如何适应这个大问题，因此是非常有价值的。

今天论坛的主题是数学建模，其实建模不仅仅是数学。什么是建模？我们可以从多种角度去看。

一、何谓建模

何为模型？宏观到宇宙的标准模型，微观到基本粒子的夸克模型，其实都是在研究中提出的模型。专家预测新冠疫情的发展趋势也要建立模型进行推算。建模是人类认识世界，进行科学研究的重要方法。世界很复杂，研究中就需要建立多种模型并发展多种计算方法。当然这不是严格的定义，而是相对比较通俗的一种说法。

一个模型最终是否成功，需要经受不断的检验。我是物理学科出身，所以我从物理的角度来谈谈模型的形成。拿“地心说”举例。地心说是一个模型，根据太阳每天东升西落的现象提出来的，因为能解释当时的天体现象，再加上一些其他因素，被接受了。但当更多的天体现象被发现之后，逐渐发现这个模型（以及它的改良版）难以进行全面解释。到了哥白尼、开普勒、牛顿年代，这些伟大的科学家从积累的大量天体观察资料的研究中，逐步形成了以太阳为中心的行星模型。它可以解释太阳系的天体运动现象和规律，这中间还包括预测海王星和冥王星的存在。因此这个模型一直沿用至今，成为天文学和物理学的基础内容之一。

二、建模应用

模型在研究和应用中会不断迭代，即在最初的模型的基础上，通过实际应用，进行改进和完善，当然也包括舍去不合适的模型，建立全新的模型。建立模型并开展研究，就少不了进行数学运算，运算结果就是模型的主要产出之一，这就可以与掌握的数据或事实等进行比较和预测。有效性高的模型，会推进人类在认识事物本质（即科学）上的进步，可以在研究中继续应用，并成为科学研究中的经典模型和经典算法。上面所说的太阳系的行星模型就是一个经典模型，后来还应用到微观的原子结构中去。

用模型解释现象、发现问题、解决问题，提炼出规律，从而推进理论的建立，这是科学与数学发展中很重要的一个路径。而今天，在人工世界的建设中，即工程技术中，也要应用建模方法。鉴于建模能力在理论和实践上的重要性，新课程改革中把数学建模能力确定为数学学科的核心素养之一，并在数学课程标准和数学教材中进行了落实。这也是数学新课标和新教材的重要发展之一。

三、从新课程到新教师

新课程改革以培养学生解决实际问题的能力为重要目标，这已反映在各学科的学科核心素养中。类似于数学学科为落实学科核心素养增加了关于数学建模的内容和要求，其他学科也都有这样的改革。接下来的重要问题是，我们的教师如何适应这样的变革？其实，这是新课程实施中必须解决的最重要的问题，也是新课程改革对教师最大的挑战。

在我们当小学生学算术的时候，一直到今天的小学数学中，学生都要学习鸡兔同笼问题、行程问题、植树问题等经典类型题目的解题方法，这确实可以帮助学生迅速提升解决应用题的能力。这些方法之所以长盛不衰，是因为以往的教育主要是以知识为本的。在今天以核心素养为培养目标的改革中，这些题目的最大缺陷是非真实性。其实这些题目大多本来有着实际的情境，但经过抽象规范加工后程式化了，成为非真实的“套路题”。今天，当我们领会了课改的要求后，我们要对以前的传统做法进行变革。这个变革的主力军就是第一线的校长和教师。通过这个变革过程，我们的教师队伍就能得到新的提高和升华；而教师提高了，就会把改革的事情做得更好。这就是我们经常讲的“在成事中成人，在成人中成事”，成事就是推进改革，成人就是教师队伍成长。（这里推荐一篇文章，俞正强的《知识是如何被教“活”的——以“植树问题”为例》，建议大家阅读。）

四、对数学建模的一点希望

今天参加这个研讨会，虽然主题是数学建模，但是就像我开头讲的，从不同视角看风景，会有不同的感受。就我的感受来说，数学建模的成功，让我清晰地看到一项新的改革，是如何在学校中一步一步地取得成功的。特别是上海实验学校，把数学建模作为推动学校课改的切入口之一，其成果不仅有学生的出色表现，更有着教师队伍的成长，特别是骨干教师的脱颖而出。近几年在教学成果评奖和教师评优中，上海实验学校取得了丰硕的成果。

感谢数学建模团队！你们的成功经验告诉我们，对第一线的校长和教师而言，改革就是机遇，改革就是动力。我们期望在今后的改革中，数学建模团队能创造更多新的经验，作出更大贡献。

基于课堂的高中数学建模单元教学设计

徐斌艳
华东师范大学教师教育学院教授

“数学建模是联系数学与应用的重要桥梁，是数学走向应用的必经之路。”[①] 数学建模的教育价值已被国际数学教育界广泛认可，各国课程标准都将其列为重要教育目标之一。

《普通高中数学课程标准（2017 年版 2020 年修订）》（以下简称“高中数学课标”）将数学建模界定为是对现实问题进行数学抽象，用数学语言表达问题、用数学方法构建模型解决问题的素养。从数学建模过程来看，其主要包括在实际情境中从数学的视角发现问题、提出问题、分析问题、建立模型，确定参数、计算求解、检验结果、改进模型，最终解决实际问题。国家课程标准强调，通过高中数学课程的学习，学生能有意识地用数学语言表达现实世界，发现和提出问题，感悟数学与现实之间的关联；学会用数学模型解决实际问题（能力），积累数学实践的经验；认识数学模型在科学、社会、工程技术诸多领域的作用，提升实践能力，增强创新意识和科学精神。[②]

① 李大潜．数学建模是开启数学大门的金钥匙 [J]. 数学建模及其应用，2020（3）：1-8.
② 中华人民共和国教育部制定．普通高中数学课程标准（2017 年版 2020 年修订）[M]. 北京：人民教育出版社，2020：5-6.

一、数学建模及其教学

数学建模不是线性过程，也不是一次就一定能解决现实问题，需要不断地从数学世界返回现实世界中检验结果，完善模型，如此循环，因此，许多研究者都提出了数学建模的循环过程。如德国研究者凯瑟尔（Kaiser）将数学建模过程分解为7个环节（如图1所示）。①

我国高中数学课标将数学建模图示为图2。② 图2充分反映了中学数学建模主要环节：如何从实际情境中提出问题，如何基于问题建立数学模型，如何解答相应的数学模型，如何检验解答结果，当结果无法合理解释实际情境问题时，需要修正、改进所建立的模型，如何改进模型也是数学建模的主要环节。

高中数学课标建议，在必修课程部分将6个课时用于数学建模教学。“数学建模的学习与训练，主要不是靠知识的灌输，而是靠深入的感悟与体验。只有通过组织学生参加数学建模的实践和活动，使他们亲口尝一尝‘梨子’的滋味，体验通过数学建模将数学应用于现实生活的全过程，才能有效地提高他们解决现实问题的能力，增强他们利用数学解决现实问题的意识和信念，学到数学建模的方法，从心底里重视数学建模、热爱数学建模。”③

二、基于课堂的数学建模单元教学设计

鉴于数学建模在高中数学课程中的特殊地位，上海教育出版社将数学建模内容单独成册，编写出版了普通高中教科书《数学》必修第四册（以下简称“必修4”），它由11个数学建模活动组成。如何对数学建模内容进行单元设计，对教学实践是个不小的挑战。

单元教学设计一般包括理解教材内容，分析学生学情，解析单元教学内容以及目标，安排课时，对各个课时的内容进行整体分析，最后对单元内容学习进行过程性和终结性评价。

（一）理解教材内容

高中数学必修教材第四册的主题是数学建模。高中数学课标建议在必修课中安排6个课时用于数学建模与数学探究活动，必修4教材建议其中至少4个课时用于数学建模活动。

数学建模活动与数学知识体系的发展并无直接的关联性，数学建模活动的教学不应依附于

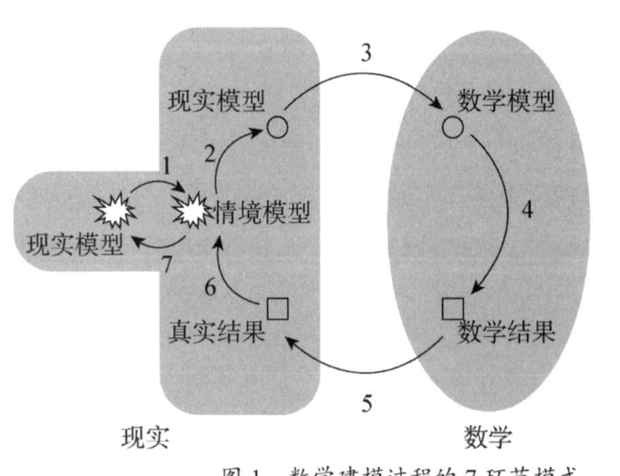

图1　数学建模过程的7环节模式

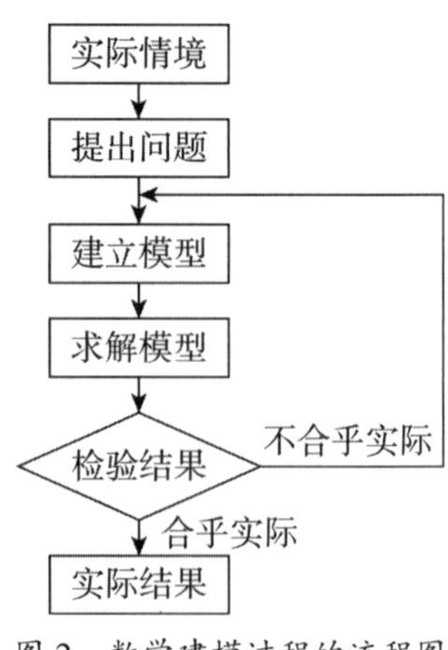

图2　数学建模过程的流程图

① Kaiser, G. Mathematical Modelling and Application in Education[J] //S. Lerman. Encyclopedia of Mathematics Education, Springer Science + Business Media Dordrecht, 2014: 396-404.
② 中华人民共和国教育部制定．普通高中数学课程标准（2017年版2020年修订）[M]. 北京：人民教育出版社，2020: 35.
③ 李大潜．数学建模是开启数学大门的金钥匙[J]. 数学建模及其应用，2020（3）: 1-8.

特定知识性内容的教学。在数学教学过程中可以灵活安排数学建模的活动时间，并保证不少于4个课时。

教材以面向全体高中学生为出发点，采用了“数学建模活动案例＋数学建模活动A＋数学建模活动B”的结构。“数学建模活动案例”旨在通过课堂教学帮助学生体验数学建模的各个步骤，学习撰写活动报告，建立对该活动的初步认识，积累初步的数学建模活动经验。这部分包含4个案例，这些问题相当于课堂例题，在开展课堂教学时可以选用。根据学生的日常经历，教师也可以不局限于教材上所列举的问题，可以编制更为适合学生经验的数学建模任务。

“数学建模活动A”部分由3个问题组成，每个问题有建模活动提示，为学生进一步了解和历经数学建模全过程提供帮助。教师可以指导学生组队选题，并合作完成建模活动。

“数学建模活动B”部分由4个问题组成，每个问题只有情境描述，没有活动提示。对数学建模有一定兴趣的学生可以进一步选择这些问题开展活动。

（二）分析学生学情

绝大多数学生以前没有接触过数学建模活动。面对数学建模任务要求，可能会因为它和解决实际问题有关，就认为这和他们非常熟悉的数学应用题差不多，只是比一般应用题条件多一点，变量多一点，计算更加复杂一些。这是首先需要打破的学生的“固有认识”。

学生确实有丰富的解决应用题的经历，他们面对的数学任务基本上由“提条件、给数据、问答案”三部分组成。学生应用数学知识来解决一些经过简化甚至理想化的“实际问题”，只要解题过程和答案正确，一般不要求验证答案是否合理。这种应用题的解题经历可能会给学生理解并开展数学建模活动带来困扰。

另外有小部分学生可能有数学建模竞赛的经历，曾体验过数学建模全过程，高中教学课标要求全体学生都能有这些方面的经历，但不需要解决竞赛类的问题。因此，教师在安排教学活动时，要始终围绕以上闭环来思考问题，设计教案，一步一步引领学生体验“先从现实中来，再回现实中去”这样一个建模过程。

（三）单元教学内容和目标

1. 教学内容

这里的教学内容特指“单元教学内容”。“单元”并不完全等同于教材中的“章”，而是“经验单元”，即基于一定的主题和目标所构成的知识与经验的模块，由若干节具有内在联系的课组成。而数学建模问题不一定能按常规数学内容进行分类，即代数、几何、统计与概率等，因为同一数学建模情境，往往可以提出不同的数学问题，进而使用不同的数学知识构建不同的数学模型加以解决。由此，数学建模的单元教学内容可以将问题情境作为主线，从而搭建教学内容框架。

在“诱人的优惠券”单元教学中，主要教学内容是让学生在真实的情境中提出不同的问题，选择或构建不同的数学模型，并求解模型最终解决实际问题。在这样的过程中，让学生了解数学建模的概念，掌握数学建模的基本流程，并且能够灵活运用学过的数学知识表征与解决问题。诚然，一般数学建模教学主题都会涉及以上基本的教学内容，但教师应该根据不同的数学建模主题，有意地突出其中的某些环节。如“红绿灯管理”这类较复杂的公共情境问题可以重在展示模型假设的重要性，而“外卖和环保”这类大数据情境问题可以主要体现数据分析的必要性等。“诱人的优惠券”这一问题情境与学生的生活息息相关，学生有足够的发言权，因此该问题在数学建模过程中可以重点体现如何根据现实场景提出数学问题。此外，该建模问题是可以指导学生日常生活的，因此最后的反思环节也有重要的教育意义。因此，该单元的主要教学内容还需要着重问题提出环节的训练与返回现实环节的反思。

基于以上分析，本单元教学内容可分为三大部分：（1）基于该问题情境，让学生完整经历数学建模过程，了解数学建模概念并掌握数学建模基本流程。（2）在“诱人的优惠券”情境下，让学生充分讨论，提出不同的数学问题。(3)在不同小组顺利构建并求解出数学模型后，让学生深入探讨现实问题的解决，检验模型并反思数学建模结果的意义与价值。

2. 教学目标

数学建模课程中教学目标的设定与常规数学教学的相同之处在于同样应该遵循三维教学目标，即知识与技能、过程与方法、情感态度与价值观。但其中个别细节又有差异，如知识与技能方面，数学建模课与数学练习课的目标关注点是不同的，建模课并不局限于特定数学知识内容的巩固与应用，关键在于经历问题解决的过程。

本数学建模单元的主要教学目标与教学内容相呼应：(1)经历完整的数学建模过程，了解数学建模概念并掌握数学建模基本流程，提升数学建模素养，体会数学建模是课堂知识与现实世界的桥梁、解决实际问题的重要工具。(2)在"诱人的优惠券"情境下提出丰富的数学问题，学会用数学的眼光看世界，培养提出问题的能力。(3)通过使用已有与自学的数学知识构建并求解模型，巩固与函数等相关的数学知识，培养数学运算、逻辑推理等数学素养。(4)深入探讨数学建模结果对现实生活的作用与意义，反思理性消费观，进一步体会数学的魅力和应用价值。

3. 安排课时

基于以上分析，"诱人的优惠券"可分为3或4个课时进行教学，下面以3个课时安排为例：

第一课时主要引入问题情境，让学生充分讨论并尽可能联系现实情境与个人经验提出不同的数学问题，并在教师的指导下，探讨所提数学问题的价值与可能的数学建模路径。在此基础上，分小组选择不同的数学问题进行初步的假设与简化。

第二课时主要让学生分小组进一步完成数学建模任务。教师对不同小组进行针对性指导，其间让各小组简要汇报进展。学生在课上基本完成模型的构建、求解与初步检验。

第三课时主要让学生以小组的形式进行口头汇报。师生互评后，共同探讨该数学建模对现实生活的意义，反思理性消费等。

已设置的单元教学目标还需要在分课时后进行进一步的分层与细化，具体落实到每一课时的教学目标上。第一课时的教学主要落实单元教学目标(2)，教学重点在于让学生充分提出数学问题，教学难点则是如何有效引导学生提问并讨论每一问题的价值与解决路径。第二课时主要落实单元教学目标(3)，教学重点是指导各小组学生构建并求解模型，难点在于如何有效指导多个小组并促进各小组的合作效率。第三课时主要落实单元教学目标(4)，教学重点是师生基于建模结果讨论现实意义并反思社会现象，难点则是让学生充分展开讨论并认识到求解模型并不是数学建模的终点。单元教学目标(1)则贯穿在整个单元教学的3个课时之中。

4. 对各个课时的内容进行整体分析

第一课时可分为3个环节：

(1)创设情境，提出问题。教师创设"诱人的优惠券"的问题情境，引发学生思考，并提出本节课核心任务——请学生同桌讨论并尽可能多地提出相关的数学问题。注意要求学生从数学角度加以解释和说明，让学生把这些生活经历用更为明确的数学语言表达出来。这是数学建模活动的关键步骤，即面对现实情境去发现和提出问题。在教材中，列出了几个可能的问题，教师应该尽量鼓励学生发散思维多提问题，也可以适当给予策略性的引导，如多视角的设想(如基于消费者、基于商家、基于购物平台)或基于固定的假设(如固定的钱买最多的商品、固定的商品花最少的钱、不限物品享用最多的券或最低的折扣)等。

(2)深入分析，梳理问题。师生基于已提出的数学问题，逐一或分小组探讨这些问题的意义与可行性，并最终选取若干个(2—4个)进行深入分析，梳理这些问题的可能建模路径。如教材中的问题——"根据给出的购物情境，商家的优惠策略是怎样的？是否购买金额越大，享受的优惠也越大？"，教师可以引导学生通过建立购买金额与优惠情况之间的分段函数解决问题，但具体优惠率的界定与函数的构建就留待学生自主解决。又如，可以提出问题“多买一件商品则可多用一张优惠券时，买还是不买？”，教师则可以引导学生建立最后一件商品价格与优惠程度的函数解决问题等。

（3）分配小组，简化问题。该教学环节需要教师将学生分为若干小组，且每一小组选择某一问题进行数学建模，尽量保证有两个以上的问题被选择。形成的各小组在课上讨论问题的简化，教师提示针对不同问题可以进行一定的模型假设，并先给定一些情境条件（如只考虑某几张优惠券的使用，只考虑某些特定商品的购买）。

第二课时主要是学生的自主探究环节，教师以辅助指导为主。当发现有优质的小组成果时可以适当共享以帮助其他小组进行建模与求解。因此，课堂教学可以分为 3 个阶段：第一个阶段让学生小组独立完成模型的构建，教师从旁指导，15 分钟后进行个别小组的展示；第二个阶段要求学生进一步求解模型并尝试解释与检验，15 分钟后再次进行个别小组的分享；第三个阶段留几分钟作为教师总结。这样分阶段的课堂教学可以将数学建模教学任务细分，进一步督促学生在规定时间内完成相应的任务，提高课堂探究活动的效率。学生未完成的部分可布置为课后作业。其间尤其要关注对学生进行问题简化的引导，即帮助学生建立合理的模型假设，以更好地构建模型。针对不同能力水平的小组，教师可以采用不同的教学策略。针对能力较优的小组，教师可多用启发式策略，让学生有创新的空间；针对构建模型过程中较有障碍的小组，教师可以适当辅助其进行进一步的模型假设，使得简化后的数学问题符合该组学生的认知水平。数学建模任务的开放度在本课时便有突出的体现，对于同样的数学建模问题，不同能力水平的学生团体总是能在其认知层次下利用适当的知识构建出合理且有效的模型。

第三课时前教师收集学生完成的建模报告，并进行初步评价，选择个别小组在课上进行展示。本次课前半节为学生展示环节（3—4 组），教师给予简单点评，学生适当参与讨论。后半节课师生在已有数学建模成果的基础上，进一步探讨三个问题：（1）已有模型是否符合现实，还有哪些不足，如何检验与优化模型？（2）各小组数学建模结果如何反馈于现实，能给予我们什么启示，同学们如何看待“理性消费”？（3）反思本次数学建模活动的不足与收获，同学们对数学建模有何新的感悟？最后，教师进行单元教学的整体总结，并可以布置新的建模任务。

（四）单元教学评价

教学离不开评价，高中数学课标强调，要关注教学活动中的日常评价，要以教学目标的达成为依据，关注学生数学知识技能的掌握以及学习态度与方法，还要关注学生数学素养的达成，同时也有助于教学改进。对于数学建模的单元教学评价，应该以贯穿始终的形成性评价为主。教师可以在教学过程中通过课堂观察等评价个体学生的表现，如关注个别学生的学习进展，尤其要重视面对现实情境时，学生提出问题的多元性和差异性，判断学生是否会用数学的眼光观察世界，这也是第一课时的主要教学目标。另外，第二课时的开放式数学建模活动中，可以鼓励学生从不同角度分析情境，建立数学模型，从而判断学生是否会用数学的思维思考世界，是否会用数学的语言表达世界。第三课时，给予学生充分的数学口头表达的机会，通过评价学生的小组汇报与讨论交流过程也能发现学生是否能够有条理地表达观点，进而反思结论，养成修正模型的意识。一般来说，数学建模活动的成果是数学建模活动报告（如必修 4 附录 2），所以学生以小组形式上交的报告便是关键的评价依据，教师可以结合学生互评开展教学评价，即让学生小组内进行互评，而教师根据数学建模报告对小组进行评价。

基于以上的数学建模单元教学设计，教师可以进一步对每一课时内容进行细致的教学设计并开展教学。从更高且更完备的观点去看待每一教学课时，能发现更多内容与目标间的联系。数学单元教学设计正是从整体功能出发，从更高观点对数学教学中的各要素进行系统的综合考量，使其产生整体效益。[①] 对于数学建模教学而言，这样的单元教学设计不仅可以更好地落实高中数学课标要求的教学目标，也更有助于教师对特定数学建模任务中重难点的把握。对于不同的数学建模任务，教师不应该对各个环节平均使力，而是应该根据不同任务与情境的特色，突出其关键环节的训练，才能最大限度地发挥出特定数学建模问题的教育价值。

三、超越课堂的数学建模单元设计的思考

此外，单元教学设计还有利于给予学生更多的学习机会。因为数学建模活动是需要花时间的，有限的一至两个课时是难以完整完成建模工作的，而且学生需要更多的时间思考、讨论、尝试，因此，单元教学设计应该打破一个课时便完成教学任务的时间与空间约束。学生在第一节课熟悉了情境、提出了问题、分析了思路，在第二节课开始前便可以有充足的课外时间沉淀、思考、讨论，甚至查询资料以补充想法。而第二节课个别学生小组难以完全解决数学建模问题，也可以将其留为作业课后完成，极大增加了数学建模课堂教学的自由度。基于这样的思考，数学建模单元教学设计应该是超越课堂的。

运筹学视角下的数学建模核心素养解读

余长君
上海市运筹学会常务副理事长兼秘书长

今天，我从三个方面展开，一是通过简单的例子，将数学建模与运筹学建立联系，二是谈谈数学建模与运筹学的内在关联，三是谈谈数学建模与中学数学核心素养的关系。

一、运筹学中的数学建模

首先，考虑一个生产计划的问题，这是线性规划中一个非常简单的例子。假设某工厂要生产甲、乙两种产品，需要消耗A、B两种矿石，以及燃料，共三种生产资料。产品会产生一定的利润，生产有限制，原材料也有限制。一个最基本的问题就是，这两种产品如何安排生产计划，才能使利润总额达到最大，如何能够通过数学化的方式，将这个问题清晰地描述出来，这是数学建模最基本的问题。

对于数学系的学生而言，可以通过线性规划

① 吕世虎，杨婷，吴振英．数学单元教学设计的内涵、特征以及基本操作步骤[J]. 当代教育与文化，2016（4）：41–46.

中学习到的知识，分析决策变量是什么，对于生产计划这个问题，其决策变量是两种产品相应生产安排多少生产量。目标是什么？目标是利润最大。决策变量决定的情况下，可以用数学表达式将目标表达出来，但是要有约束，因为有三种资源，资源有一定的约束，每一种可以用数学来表达。

这是非常简单的线性规划问题，因为它的目标以及约束函数是关于决策变量的线性函数。对于线性规划问题，二战的时候就有研究。在中学阶段，对于一个简单的线性规划问题有非常直观的求解方法——图解法。

线性规划问题是运筹学中非常核心的问题。当这个问题变得更加复杂，当有更多的约束和决策变量的时候，就变成了大规模的问题。我们生活中许多实际问题，都可以被归结为这样的问题。在中学阶段，其学习的知识是无法求解大规模线性规划问题的。从数学的角度来看，我们要从一个非常简单且能够理解的例子，上升到科学问题去研究它蕴含的方法，这就是我们运筹学所关注的核心内容。

二、数学建模与运筹学

所谓的数学模型，是通过抽象或模拟，利用数学的语言方法，对所需要解决的实际问题进行刻画。如果没有运筹学方面的知识，单纯进行数学建模，建模后的问题能不能有效求解是未知的。

模型准备，是指我们对于所谓的模型有多少了解，我们所要面临的实际问题要经过怎样的方式才能和我们当前所掌握的模型更加契合在一起。实际问题显然和我们的理论模型之间会有差距，所以才需要对模型进行假设，然后根据实际要求，依照当前的现有模型，对它进行整体和有效的修改，也就是模型构造的过程，确立为可被表达的数学之后要有求解，这个解能不能真正指导现实生活中的生产其实是未知的。举个例子，现实生活中许多的变量不是连续的，比如人的数量，不可能取非整数的变量，通过模型算出来的解是一个分数，做这件事需要 10.2 个人，不合理。所以进行分析，如果与我们的现实生活不能匹配就要修改，要思考是不是当初考虑的时候就产生了偏差，使我们得到的解并不能指导现实生活。当我们进行了内部的迭代之后，最后才可以将它应用于实践生活中，因此数学建模是不断迭代学习的过程，而不是一次性的过程，所以要不断修改，使它最终服务于我们的实践。

所谓的运筹学，是指用数学的方法研究经济、民政、国防等部门在环境的约束条件下，合理分配人力、物力、财力等资源，使实际系统有效运行的技术科学。它可以用来预测发展趋势，制订行动规划或优秀可行方案。所以包含的科学是非常多的，也是一个交叉学科。对于运筹学来讲，我列举几个运筹学主要的分支。首先是数学规划，线性规划问题就是数学规划问题，有明确的约束和决策变量，但是真正的数学规划的内容更加广泛，不一定是线性的。例如存储论，一个仓库定自己的销售策略，使自己的存储维持在比较好的水平，如果库存较少造成了资源浪费，怎样来确定库存，这是运筹学中非常有趣的问题。又如图论问题，在上海可以感受到交通的便利和不便利，如果设计好公路，就能使它更加有效适配人流量和车流量。再如决策分析，当我们有具体的问题，有若干的决策，决策会有好和坏的影响，怎样决定使得我们的决策有更好的发展。建筑材料怎样进入工地，什么时候开始打地基，什么时候开始灌注，使得大楼在最短的时间之内最高效，是我们的网络计划最关心的。又再如排队论，现在上海的高速公路的收费站大多是 ETC，设置多少人工收费和 ETC 才可以使排队的模型尽量短。这些都是运筹学所研究的内容，所以运筹学的内容非常宽泛。

三、数学建模与中学数学核心素养

我简单谈一谈对中学数学核心素养的认识。所谓的中学数学核心素养，主要经历了下面三个阶段：

中华人民共和国成立初期，对于中学数学应该使得我们的学生具有什么样的素养，当时的理解主要是三大素养，即运算、空间想象和逻辑推理，要求少，但是非常高。在这样的核心素养要求之下，国家对于中学数学人才的培养，在全世界是领先的，当时的学生出国后的数学都是最好的，这得益于当时的大纲对数学核心素养的要求。

2003 年教育部组织课改，对数学核心素养的要求进行拓展，变成了抽象概念、逻辑推理、空间想象、运算求解、数据处理。其中，数据处理是随着互联网的发展，以及计算发展出现的，成为中学数学核心素养之一，这是根据当前时代发展需求规划的。

2017 年，又将数学建模能力放入中学数学核心素养中，表明国家对于高中或者对于中学的数学要求，从简单的知识传授逐渐上升到能力培养。到大学阶段，数学建模是数学能力培养非常好的手段，从发现问题到归纳问题、总结问题再到解决问题是一个全套的链条。一个人对实际问题的了解，光有数学知识不够，还要有其他的素养，才可以使得数学建模做得好。

数学建模与学生能力培养，主要是以下几方面，也是我们在实践中观察到的。高中、大学的数学建模大赛等，对学生能力培养，首先是数学知识的应用能力，以及逻辑思维和开放性思考方式，因为数学建模真正的比赛时间非常短，只有三天，要求学生具有快速获取信息资料的能力，包括文献的检索能力，所以写作技能和排版技术也非常重要。数学建模需要团队合作，所以快速了解掌握新知识，对于不同的工作要进行团队的分配，需要沟通与合作能力。这都是通过数学建模对学生各方面综合能力的培养，是非常重要的素养。

最后，我简单谈一下数学建模的教学策略，在日常的实践中，应该以什么样的策略来进行数学建模的培养。一是合适的问题情境。学生在课堂中所接触到的知识，距离数学建模是不是还有距离？如果要实施数学建模的情境，要和传统课堂的数学知识有所区别，跟现实世界有积极的联想，才能够使学生对数学建模有足够的兴趣。二是渗透数学建模的思想方法，提高学生的应用实践能力。运筹学是一个非常大、非常宽泛的体系，其中像数学规划、存储论，对数学知识的要求不一样。通过对一个问题不同层面的解释，可以提升学生的数学思想方法；通过不同的思想看同一个问题，可能产生不同的火花。学生通过不同角度，对同一问题进行了解，对这个问题的了解更加深入，这也是一个教学策略。三是合理的回顾反思。完成数学建模并不是终点，而是需要不断迭代。我们对现实生活中的数学归纳，本身就带有一定的假设性，这样的假设在现实的限制之下，迫使模型会满足一定的约束，这就要求建模跟着时代不断迭代，需要不断反思以往的模型是不是能够代表最先进的发展。

数学建模不是以结果为导向，而是以整个过程为导向——模型建得好不好，是不是能反映现实生活，模型不够好会影响到求解。学生在任何阶段能够做得好，都是数学建模重要培养的分支，所以与传统的考试不一样，数学建模做得好也可以得高分，没有统一的规则，这对运筹学工作者和中学教师都提出了更高的要求。

数学建模的教学与评价建议

朱　雁
华东师范大学教师教育学院副教授

《普通高中数学课程标准》提出，学生在数学学习中应培养包括数学建模在内的六个核心素养，其中每一个核心素养都有其自身的独立性，在学习数学的过程中，在发现与提出、分析与解决数学问题和实际问题中，它们各自在不同的环节中发挥着不同的作用。同时，核心素养本身又具有整体性，六大核心素养并不是两两“不交”的独立素养，而是相互“交着”相互“渗透”的。例如，直观想象蕴含有抽象、推理、运算、模型；抽象概括离不开直观、推理、运算、模型；数学建模更是需要直观、推理、运算、模型交互发挥作用；而数据分析则可视为特殊的数学建模，亦可称为统计建模。作为高中数学必修及选择性必修课程新增的内容，数学建模是综合提升数学学科核心素养的载体，这也使其成为贯穿高中数学课程内容的四大主线之一。

就数学建模与数学知识的关系，是将学得的知识应用于实际问题的解决之中，而与数学知识体系的发展并没有直接的关联。因此，数学建模活动的教学不应依附于特定知识性内容的教学，而应强调其活动性、探索性和综合性，并激发学生的创新精神和创造意识。为此，上海高中数学教材编写组决定将数学建模内容独立出来，按必修和选择性必修单独成册，这既符合课程标准的要求，也符合数学建模内容的特点。

一、数学建模活动的素材选择

在开展数学建模教学之初，有些教师可能会为到哪里去寻找适合于高中学生的素材而发愁，因为数学建模强调的是对现实问题进行数学抽象，用数学语言表达问题，用数学方法建构模型以解决问题。在这个意义上，数学建模搭建了数学与外部世界联系的桥梁。然而，对于高中学生而言，他们的知识储备存在一定的局限性，因此源于现实生活的实际问题，其逼真程度越高，相应的数学模型的复杂性也就越高，需要考虑的因素也会越多，甚至需要跨多学科进行建模。对于需要面向全体高中学生进行的数学建模教学，就必须依据教学的需求和学生的认知水平对这些现实问题做出适时的简化，以提高教学的可行性。另外，在数学建模教学中，学生的建模体验应该是循序渐进式的，学生需要从最初的直接套用或间接套用已学的数学概念、函数、定理、公式等“走近”数学建模，到在教师的带领下“走进”数学建模，而后与教师一起携手“学习”实现数学建模，再到学生部分自主直至全自主地“实践”数学建模全过程。在逐步推进的教学中，教师或教材给出的现实问题，在前三个阶段的作用显得尤为重要。

在此次高中数学建模分册的编写中，编写者对素材的选择在内容和过程上都是做了精心设计的。例如，在必修分册的11个案例中，其内容有可指导日常生活的，有适用于解释现实的公共场景的，有偏向于帮助合理决策的，也有出于对现实问题的观察和思考的；在过程上，有重在展示模型假设的重要性的，有体现如何根据现实场景提出数学问题的，有强调如何抓住主要因素以降低模型复杂程度的，也有需要交完整合理数据的支持的（详见《数学教学参考资料：必修第四册》）。鉴于数学建模任务所涉及实际情境的丰富多样性，教材在完成阐述建模过程或解决方案的同时，在每个案例的展开中都留出了适当的空间（以空白框形式呈现），这为学生的自主思考和创新提供了必要的空间，也为教师的教学设计提供了可资借鉴的资源。

事实上，沪上不少高中已在高一课堂上开始了数学建模的教学，在充分把握教学目标与教材内容的前提下，创新性地为学生创设多层次的探索空间。例如，上海市实验学校的陈夏明老师在“削菠萝”单元的教学设计中，就在建模的各个阶段创设了多个可供学生探索的拓展节点；这样的设计大大提升了让不同水平的学生都能有实际参与到建模活动中的机会。当然，不同的数学建模任务其可供拓展的程度会有所不同。例如，卢湾高级中学张欢老师所展示的“住房贷款”，其可供拓展的空间就相对较小。因此，教师在使用教材或自行选材时，要注意到数学建模任务之间的差异性，同时也要思考教学设计应拓展到何种程度，以及在哪些方面进行拓展，这也充分彰显了教师本身的素养。另外，在实际的数学建模活动教学中，教师应成为内容的组织者、问题探索的引领者，甚至是建模过程的同行者，与学生共同架设从现实世界到数学世界的“桥梁”；因此在许多时候，教师无须刻意引导学生，而应给到学生更大的自由发挥空间。

课堂教学大多并非一对一，而是一对多的，因此在选择建模教学素材时，应尽可能不超越课标规定的内容。在放手让学生充分发挥自主性的同时，教师要把握好这个度，在教学中要关注这个度。虽然为了便于教师对数学建模教材的使用，编写者对教材中的建模活动案例可能涉及的数学基础知识内容做了提示，但数学建模的实际教学不应因此而受到内容上的局限，应让学生体验到数学建模不是一种追加的数学内容，而是整合性的内容，是数学学习的需要，日常生活也需要。正如上海市建平中学冯碧薇老师介绍的《数学建模在青少年STEM教育中的应用》，学生在这类活动中，能够充分体验到数学建模的魅力，而并不将其视作数学课。课内课外多种形式的数学建模活动，可使学生真正能从内心去接受数学建模，从而乐于参与到数学建模活动中去。在教材编写之初，编写者也是经历了相当的挣扎，知识上尽可能不超纲，内容上尽可能地贴近学生的生活，而要真正做到这点，需要多跟学生进行交流和沟通，体会他们的感受，这样才有可能选取与他们生活相贴近的合适的建模活动素材。

二、数学建模活动教学的形式：个体学习与小组学习

个体学习是大多数教师所熟悉的，因为平时的教学仍以个体学生为主，而一旦进入小组形式，就会产生一系列的挑战。例如，小组如何建构才能让每一个组员真正地合作起来？要展示每个组员在某个建模活动中的作用，就会涉及任务的分配；而即便有任务分工，仍希望组员们有能力将分别完成的部分再整合在一起，达到真正的合作效果，那具体该如何做到这样的分与合，教师在其中又应如何有效介入，这是需要教师思考的。其实，教学（学习）形式的问题，并非仅仅是在数学建模活动教学中才会出现的问题，合作学习本身在数学学习中也是一项非常重要的素养。而建模活动教学提供了一个培养学生合作学习能力的非常好的抓手，给学生提供合作的机会，通过合作学习来共同建构模型、解决问题，更多地与同伴一起学习，这可能是数学建模活动教学带来的数学以外的收获。

另有一个学生层次性的问题，根据教师对学

生的理解，或者是熟悉程度，或者是自己的判断，对学生进行一个组合。尽管有些学生是不希望由教师来主导这样的组合，他们觉得教师“布置”的组合方式跟他们自己成队的方式，各组员的贡献度和参与度会有较大的差别，这或许也是教师在未来的建模活动教学中，特别是以小组形式进行时，需要探索的。如何合理分组，在兼顾学生意愿的前提下，让学生充分发挥能动性。

三、学生水平与教材要求的平衡

一个教学班往往由不同水平层次的学生组成，这并非教师仅在数学建模活动教学中才面临的现实挑战。在平时数学其他内容的教学中，也始终存在这样的现象。在一个班上，学生的水平参差不齐是很正常且常见的，教师在考虑这个问题的时候，不应过于将学生的不同水平关联到数学建模教学中，这不是建模本身的问题。当然，由于数学建模相较于其他的数学任务，可能具有更大的挑战性，使得学生的水平层次差异在相关的教学中会更为凸显。正是这一特点，教师需要思考如何让学生做出合理分组，以合作学习的方式，让不同水平的学生能有所互补，以共同完成数学建模活动。

在对学生学习的评价上，以往较常规的做法是基于他们平时学校考试成绩来判断，但要了解他们对数学的理解程度究竟如何，单靠分数显然会有所偏颇。同样地，对于学生进行建模活动的评价，需要关注的，不仅是建模的结果，其过程，包括学生如何从现实情境中提炼出数学元素，在此基础上做出哪些相关假设（特别是在没有已知现成数学模型的情况下），如何根据假设建构模型，之后的解决模型更多的在于应用，在得出模型后如何判断模型的适合性。其中最具挑战的并不一定是“模型”的建构，也不一定是提出“假设”，而是如何从现实情境中提炼出数学元素，也就是数学课程标准中提到的用数学的眼光看世界中的“眼光”，这需要学生自己琢磨。不少学生在这方面还较为薄弱，这与部分教师未将应用题和建模活动区分开来有关。实际上，建模活动并不是复杂的应用题，也不是应用题的拓展。学生经常见到的应用题大多是教材的编写者已经简化了的数学问题或者是生活问题，这一简化过程实际就是建模过程中最关键的一部分，确定了这一部分，后面的部分近于应用题，即建构模型并以模型解决提炼出的问题。如果未能形成模型，或者没能对应上所要解决的问题，那么建模过程还需继续。

在此次新版的上海高中数学建模分册中有一个案例为“雨中行”，在编写过程中，就有专家指出这个案例似乎过于简单，他认为这仅能算作是应用题。就“雨中行”在定位上的不同意见，编写组认为这在很大程度上源于面对该活动的人是否熟悉这个内容；如果非常熟悉（如专家），那么完全是可以运用已知的数学公式解决该问题，但对于学生来说，往往不熟悉，他们需要从给出的情境中找到数学的元素，而后逐步建构模型以解决相关的问题。从这点上来说，班级中不同学生也可能会对同一建模活动有不同的认识。总之，数学建模不是力求建构复杂高深的模型去解决现实问题，而是要运用恰当的，符合学生认知水平的方法，帮助他们解决现实生活当中的问题，有时候可能并不是完全解决，但至少可以适时地去解决。

在建模活动教学之后，给学生布置适当的课后作业和练习是有益的，这可以延展学生的数学建模体验。教材中给出了不少的例子，也可以如张欢老师所展示的，根据自己的体验和经验进行设计。如果有学生跟不上教学进度，学生可以根据教材所提供的完整案例来学习，而学有余力的学生，则可以选用教材中 A 类（半开放式）或 B 类（全开放式）活动，甚至是自行设计建模活动，进行自主建模。无论是通过课堂内的教学还是课后的延展，或者数学课堂之外开展数学建模活动，都希望学生能够感悟到数学建模活动的重要性，引发他们对数学建模活动的热爱，产生对数学建模活动的需求，而不是多增加一项数学学习内容。

基于核心素养的高中数学建模实践探索

李晞鹏
上海理工大学附属中学教师

数学建模是对现实问题进行数学抽象，用数学语言表达问题、用数学方法构建模型解决问题的素养。数学建模活动是利用数学方法解决实际问题的一种实践，具体而言就是通过抽象、简化、假设、引进变量等处理过程后，将实际问题用数学方式表达，建立起数学模型，然后运用数学方法及计算机技术进行求解的过程。数学建模有三个重要思想：(1)用确定来把握不确定；(2)用局部来表现整体；(3)用历史来预测未来。但在现实的教学开展中数学建模活动还存在不少问题，需要引起高中阶段数学教育者的关注。如何在高中阶段推进数学建模活动，笔者结合自己这些年的经历谈谈我的一些体会。

一、时代的呼唤与学科内在发展的需要

2019年国务院办公厅印发的《关于新时代推进普通高中育人方式改革的指导意见》特别强调学生创新思维和实践能力的培养，要求各校积极探索基于情境、问题导向的课堂教学，建议适当增加学生的探究性、实践性、综合性作业，注重加强课题研究、项目设计、研究性学习等跨学科综合性学习。随着上海市“双新”的推进，高中生毕业学分最低要求是144分，其中必修是88学分，选择性必修和选修分别是大于42和14学分。而每周按35课时设定，18课时为一个学分，那么整个高中三年大概要达到230学分。多出来近90个学分为各类选修课程提供实施空间。

在传统高考体制下，由于高考指向等原因，传统数学学科教育主要表现为数学学科教学，它以“双基”为目标，以知识传授为主体，重视数学学科本位知识，主张以学科知识为中心构建课程体系，但缺乏数学知识的应用，缺乏真实问题的解决，缺乏以育人为本的课程观。传统数学学科教学与数学建模活动主要不同点见表1：

表1　传统数学学科教学与数学建模活动主要不同点

传统数学学科教学	数学建模活动
学生个体行为能力	涉及与他人合作
强调学生学习过程的独立性	需要其他认知工具的帮助，如计算机、网络资源、跨学科知识
培养学生在假设情境下的抽象思维	基于真实问题的实际解决问题的能力
注重学生基本技能和基础知识的掌握	基于特定情境综合能力的运用

数学建模搭建数学与外部世界联系的桥梁，是数学应用的重要形式，它注重学生运用知识解决实际问题的能力、团队合作能力与创新实践。在素养导向下，数学建模活动的开展是时代的呼唤，也是学科内在发展的需要。

二、课程开设的路径与资源利用

（一）必修课程的有效渗透

数学必修课程是数学教学的主阵地，其教学导入、概念生成、例题讲解、问题拓展、延伸阅读等环节都为数学建模提供契机，在必修课程中有效渗透是数学建模素养培育的重要环节。

以上海教育出版社数学必修（第一册）新教材中不等式章节为例，在一元二次不等式的求解一节中，就是以吉奥丹诺（F.R.Giordano）等著的《数学建模》一书中的刹车距离案例作为一元二次不等式的新课导入，用通过测量肇事汽车的刹车距离来推断该车辆实施刹车前的行驶速度，通过实验数据收集、函数拟合、统计偏差估计等手段，抽象出来一元二次函数，通过模型的解，来作为断定司机在肇事前是否有超速违章行为的重要参考依据。在其后“服装销售”“顺流逆流航行”“绿地行道”多处涉及数学建模应用题。特别是在章节结束阶段的课后阅读《调和平均值与算术平均值不等式》中，当船速一定，以静水和有流速的河中往返航行相同距离所需时间长短展开分析，导出调和平均值和算术平均值大小关系，材料还延伸到了历史上著名的迈克耳孙－莫雷实验解决了“以太”媒介假说问题，有效提升学生学习不等式的兴趣。可以说数学建模思想贯穿不等式教材设计始终。

高中教师要仔细研读教材，挖掘思考教材意图，同时也应收集编写一些经典案例，利用适当的教学方法、组织形式，分学期把数学建模融入平时的数学课堂之中。近两年上海高考的“通勤时间”“交通流量”等问题明显突破传统应用题范畴，逐步朝数学建模素养逼近。以上教材的变化及高考的导向都值得大家关注。

（二）选修课程的专题研究

如果说必修课程是润物细无声的数学建模活动，那么学科选修课则是实施数学建模主要平台，它能有效弥补必修课程在实施上的不足。它针对性强，目标性更加明确，任务也更为具体，可以让学生经历多轮次完整数学建模活动过程，进而提升数学建模素养。

以“三角比在测量上的应用”数学建模为例，在完成解斜三角形的相关基础型教学内容后，我们开展了关于“三角测量”的实践活动课的研究，主要包括以下两个板块。（见表2）

学生测量方案的制定，测量工具的制作，测量数据的收集与整理，误差分析，同伴互助等让学生切身体验数学建模活动的全过程。此外，小组交流、研究性报告的撰写作为长作业，对于学生表达的逻辑性、规范性和完整性也有较高的要求，学生在活动中获得积极的情感体验。

（三）研究性学习的个体创造

如果说选修课程对数学建模来说是规定动作，那么研究性学习就是自选动作，学生可以依据自己的喜好、关注点、特长等选择自己喜欢的研究课题。研究性学习有利于培育学生独立思考、解决问题和科学创新精神。如学生考虑人口密度与区域位置分布的问题，自己完成课题“关于如何确定区域中心点问题的建模研究”，结合计算机编程给出了示例研究结果，其研究对于地铁口位置的选取、商业中心的选址等都有一定现实意义。也有学生针对“3+3”选课与大学专业组的匹配问题撰写论文《关于“3+3”选课与大学匹配度的建模分析》，不但编写了程序，还制作人机互动的App，为学生合理选课给予了现实论证。还有学生针对地理学科学习“风道”概念，完成《关于如何规划区域城市风道的建模研究》等。这种学习模式和传统数学教学有很大差异，即使是教师个体对学生研究结果也是未知的，此时师生的关系应该是针对问题解决的合作者，彼此的批判者，教师要敢于放手，相信学生的创造能力。利用学校学科节、科技节平台给这些学生搭建成果交流平台，和其他同学分享数学建模心得，表现突出的成果还可以收录到学校科技专辑中，以评促学。

（四）高校合作的资源分享

鉴于某些原因，部分教师无论是学生时代还是大学阶段都没有接受过系统的数学建模培

表2 “三角测量”实践活动课内容

板块	学生活动	教师活动
1. 在完成相关教学内容后，教师提出研究性问题，在已经学习了解斜三角形的有关定理和基本方法后，试设计有效方案，在学校操场内测量计算教学楼、实验中心建筑顶端距离，并完成实验报告	① 学生分组：以5–6人为一组，组成研究小组，共同完成实践活动 ② 实验准备：根据教材提示，设计并制作“量角器”，准备卷尺、纸、笔、计算器等测量及计算工具 ③ 方案设计：小组讨论，结合教学内容，设计测量方案，明确需要测量的数据 ④ 数据收集：根据小组讨论设计的方案，进行实地测量，并记录相关数据 ⑤ 数据处理：根据测量所得的数据，选择合适的方法对数据进行处理，计算得出距离 ⑥ 方案修正：小组结合计算结果，对方案设计、数据收集和处理等环节进行反思分析，进一步对方案进行优化或修正，并完成研究性学习报告	① 对学生的分组情况进行评估（可根据学生的学习能力对个别学生进行微调） ② 指导小组成员在实践活动中进行明确的分工 ③ 在学生活动过程中加强对学生行为的调控，引导学生逐渐熟悉开展数学建模的流程与步骤 ④ 对学生提出的设计方案给予及时的点拨，引导学生对收集的数据和计算结果进行理性思考与分析 ⑤ 指导学生规范完成研究性学习报告
2. 项目评价	小组汇报，各小组派代表介绍本组的研究与思考，并完成小组合作自评表	对小组汇报进行前期的指导，和学生商议制定实践活动以及小组交流评价量表

训，成为教师后，师资培训也比较缺乏这方面的内容。而上海地区，特别是杨浦区，高校教育资源聚集，在“知识杨浦”品牌的打造下，很多高校也在寻求与中小学合作。目前，大学里科创活动、数学建模竞赛风生水起，把学校创新实验室作为高校研究生实训基地，以大带小，两全其美。在数学建模项目中，可以引进 Mathematica 软件、MATLAB 软件助推项目实施，可以带领学生参观大学生研训基地，也可以请研究生分享大学生科创、建模竞赛作品，还可以请实习生来学校作具体实践指导。学会借力，懂得合作，高中数学建模项目才会有更好的前景。当然教师个人关注各期刊论文，了解数学建模研究动态，借鉴学习也是非常重要的。

三、课程纲要的编制与实施

要把零散的建模活动变成课程，就一定要有规范的、稳定的实施过程作保障。数学建模选修课实施纲要的编制就显得尤为重要。课程实施纲要一般需要包含以下四个要素：(1)课程简介，一般包括课程性质、地位和作用、课程基本理念、课程图谱等。(2)课程目标，目标可以从知识、能力和情感角度来加以设定。(3)课程实施计划，主要包含内容编排和课时安排，单元模块介绍和授课建议等。(4)学生评价，数学建模课程突破了传统意义下的考试范畴，评价也转向关注学生的学习表现，突出过程性、综合性评价，评价功能也由甄别与选拔转向激励、诊断与调整。

在纲要及实践的基础上，把日常的所见、所闻、所想不断积累，将优秀设计案例整理成教师资源包，汇集学生优秀项目成果集，形成“滚雪球”效应，最后形成学生数学建模活动手册，便于数学建模选修课程的顺利开展。有条件的还可以将一些经典课例拍成慕课，供学生随时学习。

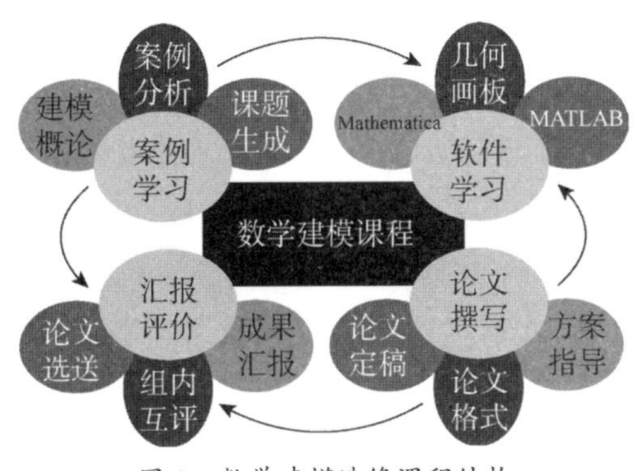

图 1 数学建模选修课程结构

四、课程教学设计示例

案例：检验台位置的设定

• 问题驱动

n 台机器位于一条流水线上，它们所生产的产品按照生产要求，必须送到一个检验台上，经检验合格后，才能送往下一道工序继续加工。检验台放在哪里可使移动零件所花总费用最少？请谈谈你对这个问题的思考。

• 数学抽象、建立初步模型

这是源于实际生产中的问题，每台机器生产效率可能不同，同时移动零件所需的费用与移动零件的距离有关，且距离越大则所需费用越大。为了便于研究，我们在研究前可以先做好两个假设：(1)每台机器生产效率相同；(2)移动零件所需的费用与其移动的距离成正比。那么对于曲折的流水线如何处理好移动距离呢？把你的想法写出来。

• 寻求策略

利用特殊化思想及降维的思考，来寻求思维的突破口：

请画出函数 $y=|x-1|$ ，$y=|x-1|+|x-2|$ 的图像。

(1)这两个函数是否有最值？若有，当 x 取何值时函数有最值？

(2) 你能画出函数 $y=|x-1|+|x-2|+|x-3|$ 的图像吗？

(3)你能通过上述的数学实验操作，明白函数 $y=|x-a_1|+|x-a_2|+|x-a_3|+\cdots+|x-a_n|$ 的最小值情况吗。

(4)请把你们小组的研究结论写出来。

• 模型获解

一般结论：

当 n 为奇数，$f(x)=|x-a_1|+|x-a_2|+|x-a_3|+\cdots+|x-a_n|$，则 $x=a_{\frac{n+1}{2}}$ 时，$f(x)$ 取得最小值。

当 n 为偶数，$f(x)=|x-a_1|+|x-a_2|+|x-a_3|+\cdots+|x-a_n|$，则 $x\in\left[a_{\frac{n}{2}},a_{\frac{n+2}{2}}\right]$ 时，$f(x)$ 取得最小值。上述模型获解。

• 模型的改进

将机器效率权重考虑进来，该模型会更加有效，故此将问题改为：有 n 台机器位于一条直线上，它们的工作效率分别为 $N_1, N_2, N_3,\cdots, N_n$，所生产的零件必须送到一个检验台上，经检验合格后，才能送往下一道工序继续加工。已知移动零件所需的费用与所移动的距离成正比，检验台放在哪里可使移动零件所花总费用最少？把研究的目标函数写出来，其最小值如何确定，提出你的解决方法。

• 模型求解分析与结论

一般化：$f(x)=N_1|x-a_1|+N_2|x-a_2|+N_3|x-a_3|+\cdots+N_n|x-a_n|$（其中 $N_i\in\mathrm{R}$），其最值情况又如何呢？借助几何画板等软件一起来探讨，不断设计跟踪实验变量，发现其内在规律。设计实验表格供学生实验填写，最后汇总数据结果与结论，经过分析发现其内部规律。

结论：当 $N_1+N_2+\cdots+N_n>0$，则无最大值，但有最小值，最小值在某个结点 a_i 处取得。

当 $N_1+N_2+\cdots+N_n<0$，则无最小值，但有最大值，最大值在某个结点 a_i 处取得。

当 $N_1+N_2+\cdots+N_n=0$，则存在最大值、最小值，最值在某个结点 a_i 处取得。

（就具体问题来说，只有第一种情况发生）因此可以结合信息技术冒泡法求得最小值。

• 总结

上述问题，通过不断地修正假设，使得模型与现实条件更加接近，把问题划归为一次绝对值函数，通过学生手工作图，借助几何画板工具探究，但真实情况真的是这样吗？如果理论值与实际费用有较大偏差，又可以从哪些方向来调整呢？这类模型问题在生活中还有哪些应用？

改进方向：可以通过实地检测统计，获得输送距离与运输费用的关系统计数据，或者通过实验数据获得，依据统计出的输送距离 x 与费用 y 之间的散点图，利用 Mathematica 函数拟合功能，找到移动零件所需的费用与其移动的距离之间的函数关系，最后建立总费用函数关系式，利用函数求导等功能，获取函数的最值。

• 测试题

（1）查阅资料：网上或图书馆查阅有关最短路问题的算法（戴斯特拉算法），下次大家交流，并尝试把该算法编程。

（2）对一个区域寻找中心点是十分重要的，它可以作为政府、商业广场或者其他重要场所的落址。一个国家可以中心点作为首都或者金融中心，一个省可以中心点作为省会城市，一个市可以中心点作为市政中心。如果一个地区要寻找中心点去作为这个地区的经济增长极，直接把几何中心看成中心点是欠妥的，因为经济需要人口，应当考虑到人口分布对其影响。如果给你一个地区的人口分布图，你能通过合理假设，算出它的中心点位置吗？请把你的研究过程撰写成研究性报告。具体报告格式请通过网络查询。

五、课程实施的改进建议

（一）加强教师专业技能提升的在岗培训

在信息化时代，新生事物层出不穷，创新思维遍地开花，学生知识需求多元；而教师教学任务较为繁重，自我知识更新意识不强，缺乏危机意识，单个教师的固有知识已不足以应对新的情况。数学建模中的 Mathematica 软件已逐渐被 MATLAB 所取代，一些数据分析软件也是近十年的产物，如果不能紧跟时代脚步，何谈用它来指导教学实践？可见培养复合型教师的任务已迫在眉睫。要想实施高中数学建模，学校需具备一个较为专业化的师资团队，一方面，引进师资；另一方面，组织教师进行在岗培训，加强校际活动交流。通过学习，相互交流好的做法、好的案例，集思广益，每人一个好点子，合在一起就是几十个好创意。由教师选择最合适的专题，开展数学建模活动，毕竟我们的一线教师是最了解学生现状的，任何人也无法替代。当然也可以适当引进外部资源，传授一些新的软件的使用方法，指导案例研究。相信这些举措对于弥补目前短板大有裨益。

（二）建设基于多学科融合的指导团队

数学建模本质就是用数学的方法来解决现实生活的问题，在很多情况下，需要多学科知识融合，相互借力，良性互动，满足学生多元选择的需要。如在数学建模实施中，计算机等信息技术的使用，改变数学演绎推理性质，它把许多以前无法直观看到的数学问题通过计算机来模拟演示，然后猜想结论并证明结论，一些原本靠手工计算无法实现的数学问题也能借助计算机强大的功能加以实现。物理、化学、生物、地理等学科知识也是数学建模能力所需的。因此，组建多学科融合的指导教师团队必将推动数学建模活动的深入开展。

（三）搭建师生研究性学习评价体系

传统的分数定高下的评价模式，在高考新政，特别是上海较高录取率的背景下其实已经不再那么重要了，教师应更加重视培养学生适应终身发展和社会发展需要的必备品格和关键能力，更加注重学生的自身发展、合作参与和创新实践。因此，评价体系也应作出必要调整和改进，如提供教师专业发展更多的机会，提高选修课程的课时费用，在各类评优、职称晋升过程中优先考虑这类复合型教师，以评价为导向，鼓励数学教师参与到数学建模项目中去。对于学生的评价，建立基于过程性评价与发展性评价相结合的多元评价机制，如活动过程中的学生自评、生生互评，基于研究性报告的作品评价，教师基于上述评价基础上的发展性评价，使每一位学生在数学建模活动中获得成就感。

数学建模在青少年STEM教育中的应用

冯碧薇 杜金金
上海市建平中学教师

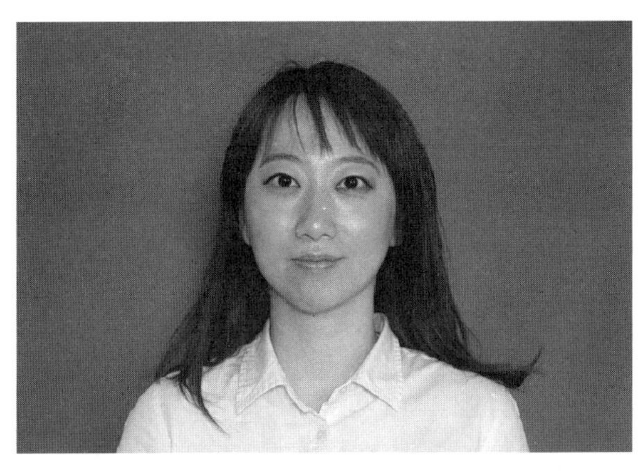

数学模型通常是指研究实际问题时利用数学所建立的模型，而数学建模通常是指为实际问题建立数学模型的过程。在《普通高中数学课程标准（2017年版2020年修订）》中，数学建模被列为高中数学六个核心素养之一，这也正式标志着数学建模教育从大学阶段提前至中学阶段。数学模型与日常生活息息相关，青少年在学习过程中可以通过数学模型和数学建模更好地观察世界、分析世界和描述世界。STEM是科学（Science）、技术（Technology）、工程（Engineering）和数学（Mathematics）四门学科英文首字母的缩写。STEM教育是以数学为基础，将科学与技术通过工程与艺术进行诠释。毫无疑问，数学建模在STEM教育中是一个重要的抓手，其不仅可以培育学生数学建模的素养，而且鼓励学生解决跨学科、复杂综合的实际问题，切实有效地提升学生的创新思维和问题解决能力。下文通过一些具体案例展现数学建模在青少年STEM教育中的应用，并给出笔者在实践STEM教育过程中的一些经验和建议。

一、数学建模在STEM教育中的应用

（一）数学建模与STEM教育的“情境性”

STEM教育着重强调情景式教学，主张解决实际生活中的问题，让学生面对真实的挑战。数学建模往往可以引导学生用数学的眼光发现世界，在STEM教育中可以帮助学生提出形形色色且意义非凡的问题。

【案例1】大货车视野盲区的分析与反光镜的改进

科学背景：大货车发生交通事故的频率较高，原因之一便是司机有较大的视野盲区，如图1所示。

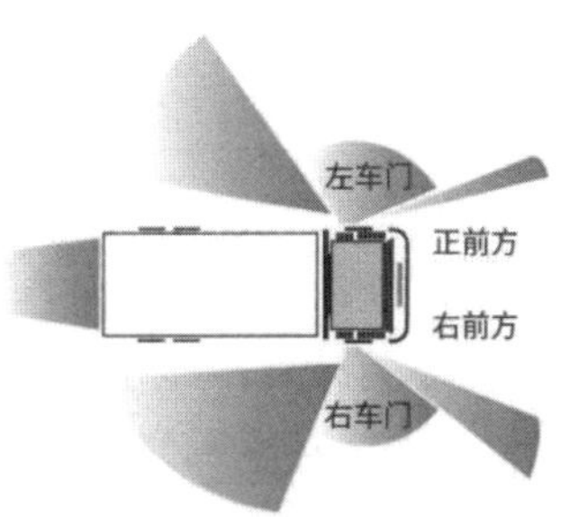

图1 大货车视野盲区示意图

问题驱动：如何通过改进反光镜减少大货车的视野盲区？

数学建模：分析反光镜的大小、角度与视野盲区的关系，从而通过改变反光镜的大小和角度最小化大货车的视野盲区。

案例解读：本案例取材于交通，敏锐地捕捉到大货车产生交通事故的主要因素——大片的视野盲区，具有非常强的现实意义和科普价值。通过数学建模的方式计算视野盲区，并通过改进反光镜以减少大货车的视野盲区，有效地解决了大货车的“困境”。

（二）数学建模与 STEM 教育的“理学性”

STEM 教育以数学为基础，充分说明其理学的内核，培养学生的科学态度和理性精神。数学建模往往可以引导学生用数学的思维分析世界，在 STEM 教育中可以帮助学生分析错综复杂且机理深奥的问题。

【案例 2】多因素估测 CBA 篮球比赛的胜负率——以上海男篮为例

科学背景：在 CBA 赛季伊始，每支队伍的主教练手里会拿到一份篮协的赛程安排表。在面对不同的队伍时，比赛胜负率也不尽相同，为此教练经常会据此调整出场球员名单，进行通盘考虑。

问题驱动：如何通过多因素估测 CBA 篮球比赛的胜负率？

数学建模：选取球队实力、赛季投入和主场客场三个主要因素，采用层次分析法和模糊综合评价，并以上海男篮的数据进行检验。

案例解读：本案例并没有对瞬息万变的篮球比赛进行分析，而是从教练安排和规划的角度切入分析篮球比赛的胜负率，角度新颖。在建立评价模型的过程中，层次分析法和模糊综合评价充分发挥了人的经验，使得评价结果更加符合实际情况。经检验，该数学模型在预测上海队客场比赛的胜负率中有高达 80% 的正确率。

（三）数学建模与 STEM 教育的“融合性”

STEM 教育的特色之一便是学科融合，打通学科之间的壁垒，综合提升学生的能力和素养。数学建模往往可以引导学生用数学的语言描述世界，在 STEM 教育中可以帮助学生解决学科交叉且有创造性的问题。

【案例 3】防溅水鞋配件的设计和制作

科学背景：雨天在路上行走的时候，常常会被鞋跟溅起的水溅湿裤腿。

问题驱动：如何设计一款成本低廉、美观小巧的防溅水装置？

技术应用：由于雨天裤脚被溅湿的面积难以测量，因此通过技术采集数据。如图 2 所示，将

```
im = imread('gray.jpg');          %读入图像
im_g = rgb2gray(im);              %转换为灰度图
im_bw = im2bw(im_g,0.4);          %二值化
imshow(im_bw);                    %显示图像
```

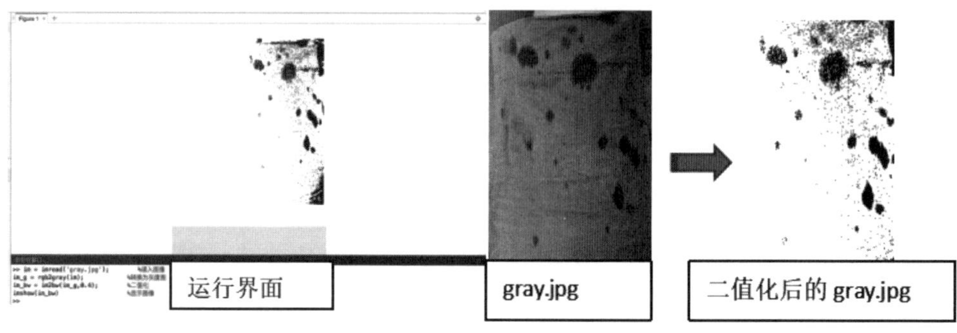

图 2　图片二值化程序编写和运行界面示意图

溅湿的裤脚拍照并导入 MATLAB 软件，将图片进行二值化，计算黑色像素点个数，从而计算黑色像素点的总面积占裤脚总面积的比例，以此作为衡量裤脚被溅湿的程度。

数学建模：分析防溅水用的塑料片的大小、形状和防溅水效果之间的关系，塑料片的价格作为其中一个重要的限制条件。

工程手段：根据数学建模的结果，完成防溅水装置设计，如图 3 所示，并制作相应的实物。

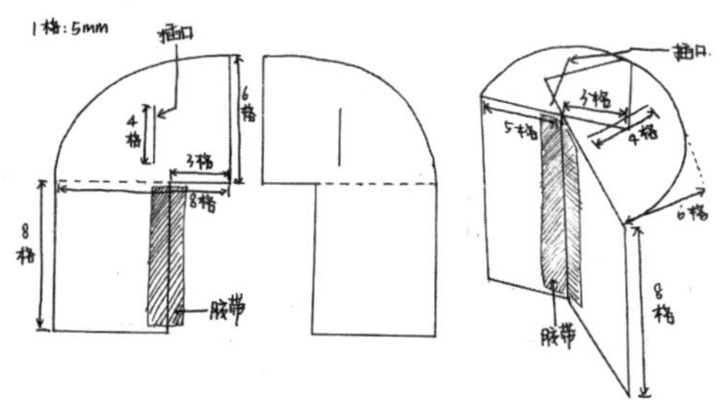

图 3　防溅水装置设计图

案例解读：本案例中，利用图片二值化这一技术克服了数据采集的难题，为后续的数学建模打下了坚实的基础。此外，实物的设计与制作让本案例不再停留于理论阶段，而是进入实践阶段。如图 4 所示，佩戴防溅水装置比未佩戴防溅水装置有着显著的防溅水效果。

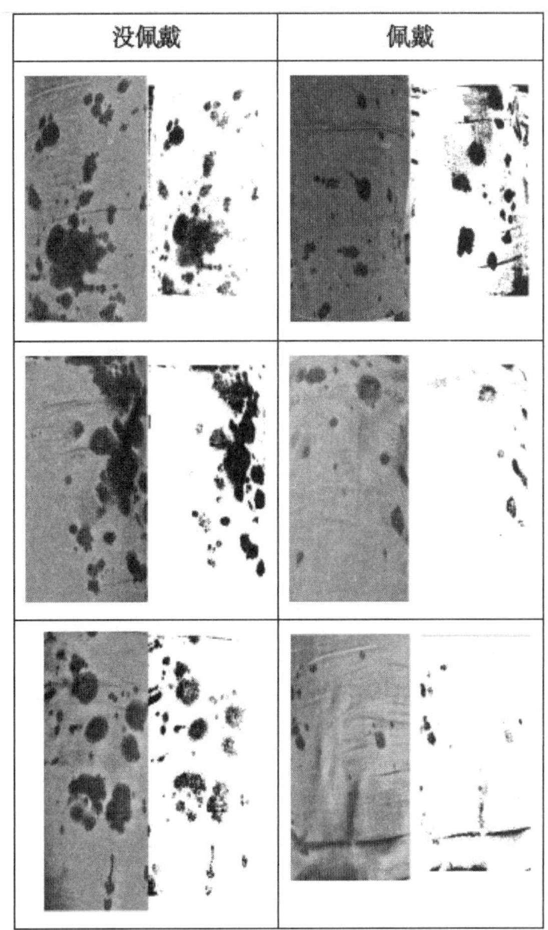

图 4　佩戴和未佩戴防溅水装置效果检测图

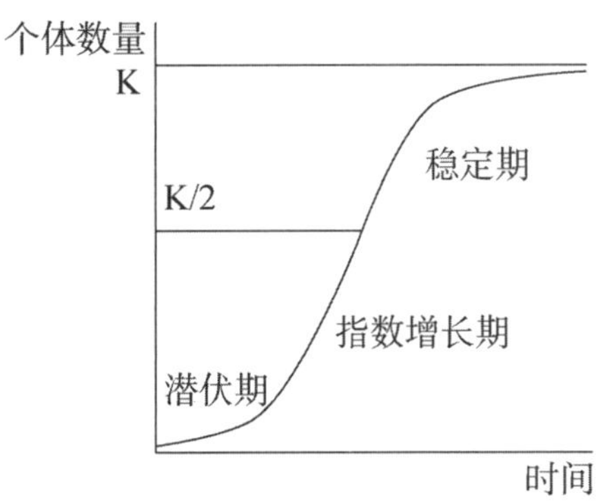

图 5　种群 S 型增长曲线示意图

二、数学建模在 STEM 教育中的应用建议

（一）情境问题驱动，启发高阶思维

合适的情境在 STEM 教育中扮演着重要的角色，其能让学生在数学建模的过程中有的放矢。在具体的情境中，可以由教师发问，也可以由学生自主提问，通过问题驱动学习，从而启发高阶思维。例如在生物学中，种群数量增长一直都是研究的热点之一，当种群数量很少的时候，种群数量开始增长缓慢（潜伏期），随后会迅速增长（指数增长期），最后因为环境资源有限等原因呈现不变甚至下降的趋势（稳定期）。我们可以对种群数量进行建模，得到种群的 S 型增长曲线，其中种群达到环境所能负担的最大值，称为环境的满载量或负载能力，用“K”表示，如图 5 所示。根据数学模型易知，当种群数量达到 K/2 时，种群数量几乎

呈直线上升，这一时期为指数生长期，是影响种群数量的关键点。因此在投药灭鼠的过程中，如果只消灭了种群一半的老鼠，那么剩余的老鼠数量正相当于其种群指数生长期（K/2）的数量，于是老鼠的数量将迅速增长，在短时间内恢复到原来的水平，这显然不是很好的灭鼠方法。

（二）鼓励学科交叉，兼容并包艺术

在STEM教育中，应多鼓励学科交叉，开设跨学科课程，将数学建模融入其他学科中，相辅相成。例如在一节物理和体育交叉的跨学科课程中，体育老师教授跨栏，而物理老师指导学生拍照记录，并用物理学上力的知识来分析不同同学跨栏的情况。通过观察发现：跨栏的学生不能离栏杆太远，另外还需要压低重心来提高成功率。为了给出具有实操性的建议，学生则通过数学建模继续深入研究，以学生的身高和体重作为参数，以学生的重心、起跳的位置作为变量，以起跳时间和落地的速度作为因变量，建立函数关系，从而进一步提出跨栏的优化建议。此外，随着时代的进步，STEM教育在加入“艺术（Arts）”以后已经逐渐演变为STEAM教育，而数学建模中也不乏人文艺术的要素。例如数学建模主张将成果以非技术性含量的信的方式向大众进行科普和介绍，又如研究黄金分割比在绘画美学中的应用等。图6即为学生应用黄金分割所作的绘图。

图6　学生应用黄金分割的绘图作品

（三）开展项目学习，经历课题研究

无论是数学建模，还是STEM教育，其都不是能一蹴而就的，需要漫长的过程，因此其通常以项目或课题的方式开展，学生在过程中可以培育合作精神，提升实践能力，增强创新意识，培养综合素养。以下为学生在STEM教育中完成的一个典型课例。

【案例4】简易风速测量装置的设计和制作

科学背景：平时生活中可能会用到风速仪，但是仪器比较贵、测量较为复杂。

问题驱动：如何简单便捷地测量风速？

工程手段：设置简易的测风速的纸盒，纸盒两端是敞开的，中间有一个纸条，如图7所示。

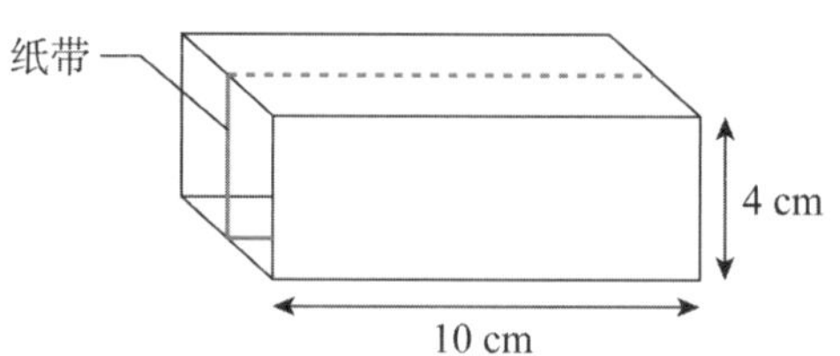

图7　简易纸带模型测定风速装置模型图

左边用风扇吹动纸条，右边通过软件记录纸条振动时发出的音量，风速越大则声音越大。

技术应用：风扇本身也会发出声音，录音时记录的纸片振动声音并不准确，于是就需要利用计算机科学技术。首先让风扇空转，先录一个声音；然后再放上纸片，把这两个记录下来的声音使用Cool Edit Pro软件进行相消减，便可以较为精确地记录到纸片振动的声音。

数学模型：通过建立数学模型，建立风速和纸片振动发出声音之间的关系。

高中数学建模的育人路径探索
——以上海市新中高级中学为例

刘爱国
上海市新中高级中学校长

曾经与多位中学数学同行就下列问题进行交流：在“双新”背景下，数学核心素养培育最为困难的是什么？中学数学教学最大的困惑在哪里？数学教学评价最难突破的是什么？交流的结果，几乎都聚焦、集中在数学建模上。

东北师范大学史宁中教授指出：“数学在发展过程中有三个根本的思想，一个是抽象，一个是推理，一个是模型。”[①] 然而在以往的数学教学中，我们通常比较重视的是前面的“两个一”，而忽略了最后的“一”。这就不难理解，在“双新”要求下当今中学数学教师对数学建模教学的困惑和困难。再从学生的现状来看，华东师范大学徐斌艳教授等学者的调研也发现，我国中小学生只有在较为简单和熟悉的情境下才能建立数学模型，而在较为复杂或陌生的情境下，几乎没有学生能够识别并建立数学模型。由此可见，加快培养提升学生的数学建模素养任重道远，加强提升数学教师数学建模教学能力迫在眉睫。教育部2020年修订版《普通高中数学课程标准》明确地将数学建模作为数学学科核心素养之一，这是基于对数学建模在新时代育人价值上的深度开掘与高度重视，也是当今“双新”背景下基础教育数学学科着力为未来科创人才培养奠基的新要求。

一、数学建模的探索与研究

（一）数学建模的探索

2015年，新中高级中学（简称“新中”）开始了数学建模的探索与实践。2015—2018年是探索的初始阶段。在师生共同努力下，逐渐总结形成了新中数学建模实践探索的一些特点。一是高起点——“课题”引领。开展之初，即申报立项了上海市教育科研课题“高中生数学核心素养的培养策略与评价研究——以数学建模为例”，用课题研究推进数学建模实践探索。二是“多层面”实施。三年来我们积极开展面向全体学生的“教学课例”，面向创新实验班学生的“活动案例”，以及面向数学天赋好、数学兴趣浓厚的少数学生的“创新范例”，我们简称为“三例教学”。三是打造“建模核心团队”。高质量的师资是开展数学建模的保障。近年来，我们形成了以新中骨干教师为主体，外聘专家教授为辅组成的新中数学建模的核心团队。从2018年至今，我们进入了新中数学建模探索的第二阶段，即创新发展期。2019年与上海市教委教研室一起举行了面向全市数学教师数学建模“教学课例”的展示研讨活动。2020年，我们又创新尝试开展了“1+N”教师团队授课制的形式。团队攻关数学建模“教

① 史宁中.数学基本思想18讲[M].北京：北京师范大学出版社，2016.

学课例”设计实施的探索，得到与会同行和上海新教材主编等专家的肯定。

（二）数学建模的研究

模型一般是指通过主观意识借助实体或者虚拟表现，构成客观阐述形态结构的一种表达目的的物件。模型构成形式分为实体模型与虚拟模型。如建筑物的沙盘模型是按一定比例缩小的实体模型。而如今这样的实体模型常常又被数字化技术加持，呈现出的“效果图”被称为虚拟模型。其实，我们生活的世界是模型的世界，如物理学中的天体运动模型、生物化学中分子结构模型、社会学上人口结构模型。

数学模型一般是指对客观事物的一种数学抽象与简化，但它和真实的实际事物又有着本质的区别。我们常常习惯于用录音、视频和文字记录等描述一些社会、经济和生活现象。但为了使描述更具科学性、逻辑性、客观性和可重复性，必须有一种语言能比较严谨科学地描述客观现象，这种语言就是数学。用数学语言来描述的客观事物就被称为数学模型。

数学建模是一种重要的思考方法，是运用数学语言和数学思想方法，经过抽象、数据分析和逻辑推理等建立起来的，并能解决实际问题的一种数学手段。数学建模是用数学语言描述解释实际现象的一个过程。

当今，放眼世界各国关于中学生数学建模或数学应用竞赛活动，影响比较大的有自20世纪末开展的美国高中数学建模竞赛（HiMCM）。HiMCM要求中学生以小组形式参加比赛，每组不超过4人，组委会在比赛前一个月给出两道建模题，每组团队可任选一题参加比赛，连续36小时完成一篇用英文撰写的数学建模论文。在国际文凭组织高水平的数学教学大纲中，第六条“培养学生把数学技能应用于多变的情形，并迁移至其他知识领域以及未来的发展中”，以及第八、第十条等教学目标都必须通过数学建模过程的体验达到。经济合作与发展组织（OECD）面向15岁初中学生开展国际学生评估项目（PISA），将数学素养的内涵定义为在情境中运用数学的能力[①]，非常注重考查学生在新的情境中解决实际问题的能力。近年来，上海举行的各项中学生数学竞赛活动，无论是中学生数学知识应用竞赛、数学小论文竞赛，还是上海市中学生数学建模大赛，也纷纷聚焦提升中学生用数学知识解决实际问题的意识与能力。不难发现，包括中国在内的世界各国数学教育，对基于中学生数学建模素养的培养越来越重视，对数学建模的教学研究也越来越深入。

目前，数学建模的研究主要分布在数学应用领域与数学教育领域。在应用领域的数学家往往从数学角度来认识，例如，刘来福等人认为“所谓数学建模是指根据需要针对实际问题组建数学模型的过程”[②]。在教育领域的学者对数学建模研究有广义与狭义之分，例如，钱佩玲和邵光华认为，狭义的数学建模是指应用数学的各种模型，而广义的数学建模不仅包括应用数学中的各种数学模型，而且包括从现实原型中抽象出来的数学概念、定理、理论等。[③]事实上，无论是专家学者还是广大数学教育工作者，对数学建模的内涵界定基本达成一致。简单地说，就是运用数学知识、思想和方法建立数学模型的过程。教育部2020年修订版高中数学课标指出：“数学建模是对现实问题进行数学抽象，用数学的语言表达问题、用数学的方法构建模型解决问题的素养。”据此，新中在数学建模教学的实践中，总结形成了以下数学建模的五环节：（1）提问，分析真实的问题情境，发现并提出问题；（2）建模，用数学语言表达实际问题（抽象为数学问题），用数学知识、思想方法构建模型；（3）解模，用逻辑推理、数学运算等数学思想方法解答数学问题；（4）验证，检验所解答的数学结果（或再改进模型）；（5）作答，对实际问

① 熊丽．小学第二学段学生数学核心素养评价指标体系构建研究[D]．重庆：西南大学，2017.
② 刘来福，黄海洋，曾文艺．数学模型与数学建模[M]．北京：北京师范大学出版社，2009.
③ 钱佩玲，邵光华．数学思想方法与中学数学[M]．北京：北京师范大学出版社，2014.

题作科学解释与说明。同时在新中开展的数学建模“三例教学”中，基于数学建模的教学目标是各有侧重的。第一层面“教学课例”是面向全体学生的高中毕业水平，只要求了解所学必修课本中所涉及的数学模型，知道建模全过程及必要的参数意义即可。第二层面的“活动案例”，则要求部分学生利用学过的数学模型迁移解决现实情境中的实际问题，熟悉建模的五环节全过程，以达到高考水平要求。第三层面的“创新范例”，要求少数学生能够在一定的题目要求、背景内容等综合情境中，大胆探究、科学求证，主要利用中学或大学数学等学科有关知识方法开展建模，创造性地建立数学模型，以达到创新人才培养的要求。

（三）数学建模的初步成效

新中五年多来的数学建模实践探索，取得了一定成效，完成了上海市教育科研市级课题“高中生数学核心素养的培养策略与评价研究——以数学建模为例”，并获得静安区教育科研一等奖。全体学生的建模意识得到提升，特别是一批数学天赋较优的学生在上海市、全美数学建模大赛中纷纷获得一等奖的优异成绩，一批数学建模的小论文成为学生发展中的创新范例。与此同时，教师的数学建模能力也不断发展。比如，王老师的数学建模教学获得上海市中青年教学大奖赛一等奖，陆老师参加了全市空中课堂新教材数学建模课的录制，潘老师主持的区数学建模数学实训基地为区内数学教师做示范和指导。

二、开展数学建模的时代意义与育人价值

（一）新时代立德树人教育发展的新要求

党的十八大以来，党中央、国务院 2019 年 2 月印发了《中国教育现代化 2035》，国务院办公厅 2019 年 6 月印发了《关于新时代推进普通高中育人方式改革的指导意见》，党中央、国务院 2020 年 10 月印发了《关于新时代教育评价改革的总体方案》等系列文件，描绘了新时代教育发展的蓝图，明确指出立德树人是教育的根本任务，要进一步优化育人方式，改进评价方式，培育践行社会主义核心价值观的时代新人，始终围绕学生终身发展与适应未来社会的必备品质与关键能力，即新时代具有世界竞争力的学生核心素养而培育。新时代立德树人的教育任务对人才培养提出了新要求，数学建模素养应成为培养创新人才的核心要素。

（二）贯彻落实课程标准的新要求

为了进一步具体落实党和国家在新时代培养人才的新要求，结合教育改革探索研究的经验，2020 年 6 月，教育部发布了《普通高中课程方案（2017 年版 2020 年修订）》和《普通高中数学课程标准（2017 年版 2020 年修订）》，分析了数学建模素养的内涵与价值，阐述了数学建模素养的培养与评价等。“数学建模进入高中课程，通过教师有目的有层次的学习活动设计和指导，改变传统的学习方式，引导学生主动、自主地学数学、做数学、用数学。”① 在上海新版数学教材中，将数学建模单独成册出版，作为上海高中学生数学选修教材，既体现了数学建模的独立性和系统性，又使广大中学教师在数学建模教学中具有一定的灵活性。

（三）凸显数学建模素养学科育人价值的新要求

发展学生的核心素养已成为当今世界各国教育发展的主题。而数学建模素养之所以成为学生发展素养中的核心之一，关键在于它的综合性。它是集数学建模知识、数学建模能力和数学建模的情感态度与价值观等最具综合性的素养。其主要内容有：培养创新意识与创新能力；快速获取信息和资料等信息化处理能力；锻炼学习掌握新知识的学习力；培育团队合作意识与团队合作精神；增强写作技能与文字处理编辑能力；提高数学的抽象、逻辑思维和开放性思考等思维品质。② 因此，数学建模素养的培养撬动了学生的

① 史宁中，王尚志．普通高中数学课程标准（2017 年版 2020 年修订）解读 [M]. 北京：高等教育出版社，2020.
② 刘爱国．高中生数学核心素养的培养策略与评价研究——以数学建模为例 [R]. 上海市教育科学研究项目，2020.

数学思维品质整体提升。新中段同学说："我的数学建模课题是'上海地铁站时间研究及优化'，在老师指导下一次又一次地优化改进课题，最终较高质量地完成了课题。这不仅培育了我对科学的严谨态度，也锻炼了研究问题的能力，并将成为我学生生涯中的一个闪光点。"

"数学语言是什么呢？它主要表现为数学模型。数学模型使得数学回归于外部世界，构建了数学与现实世界的桥梁。"① 因而不难理解数学建模构建了数学与客观世界的联系，具有数学与现实的两重性。从数学视角看现实世界，数学建模充分发挥了数学在揭示客观规律，指导经济社会发展上的应用价值。从现实世界分析数学学科，社会文明进步、创新发展的新要求也促进数学学科加快发展。从这一意义来说，数学建模作为新时代数学学科重要核心素养提出，也是时代发展的必然结果。

三、多层面设计，选择性实施数学建模

数学建模素养的培养与数学其他核心素养一样，润物无声地融合于常规常态的数学教学之中，贯穿于学生数学学习的全过程。同时，数学建模的培养又有别于数学抽象、逻辑推理等其他数学核心素养，必须浸润于客观现实情境中的真问题的解答过程之中。因此，下功夫精心设计数学建模的若干主题活动，或抓住数学建模竞赛等契机加以锻炼与培养，是很有必要的。基于此，新中设计并实施了三个层面的数学建模教学。

（一）数学建模"教学课例"的设计与实施——"1+N"

数学建模"教学课例"是面向全体学生，基于新教材的数学知识、思想和方法学习为基础构建的数学模型。其目的在于是引导全体学生了解数学建模，认识建模的各个环节与过程，理解参数的假设与意义，从而提升全体学生的模型意识。"1+N"含义的第一层面是指以一位数学教师为核心，N名其他教师为辅所构建的数学建模备课和课堂实施团队。"1+N"含义的第二层面是指课堂教学中一位教师和6—7名学生组成的N个师生学习共同体。"1+N"含义的第三层面是指一位教师主讲，N+1个师生学习共同体参与的课堂组织形态。实践证明，"1+N"的教学形式充分发挥了教师团队智慧，团队成员共同研究设计、攻克备课关，并充分发挥师生学习共同体中教师的引导作用，激发了学生的积极性、主动性，保证了数学建模教学的高效顺利推进。

比如，在高一第一册函数部分学完的基础之上，我们进行了高中数学建模第一阶段教学。时间上安排一周，主要围绕数学建模的基本理论及方法简介、高一已学数学内容所关联的不等式模型和函数模型而展开。2020年12月底，新中举行了"建数学之模，修关键之能"——"双新"背景下高中生数学建模素养培育研讨活动。潘老师与其他老师组成的建模"1+4"团队，精心设计实施了"出租车运价问题"的建模课，全班构建5个师生学习共同体，开展数学建模活动，取得了预想的成效。

（1）引导高一学生初步了解与认识了数学建模的各环节与建模过程。通过现实生活中的出租车运行问题的建模探究，使得学生感受到数学与我们生活的世界密切相关。

（2）基于"出租车的运价"为主题的数学建模活动，构建了多种数学模型：有的学习小组从乘客作为消费者想少花钱来思考建立数学模型，有的学习小组从出租车司机想获利最大来思考建立数学模型，还有的学习小组从政府部门需要保障乘客利益与公交公司效益平衡的社会民生来思考建立数学模型，初步培育了学生思维的全面性和思想价值的深刻性。

（3）课时为1小时的"出租车运价问题"的数学建模课的顺利实施，关键在于"1+4"教师团队的精心准备，离不开5个"1+6"的师生建模学习共同体的合力探究。在1小时的数学建模课内，每一个师生学习共同体都提出自己的思考，分享各自的智慧，不同学习共同体之间还可

---

① 史宁中，王尚志. 普通高中数学课程标准（2017年版2020年修订）解读[M]. 北京：高等教育出版社，2020.

以充分交流，是学生深度学习的好契机。

（二）数学建模“活动案例”实施——“行走的教室”

“行走的教室”是每年围绕一个“中国发展”主题，通过调查研究、论文撰写、纪录片制作、课题发布等形式，将学科知识学习与社会实践活动相结合，构建全新的研究性学习空间，逐步探索校内与校外联动、中学与大学资源整合、学科知识与实践体验互为补充的研学实践活动。从2016年起已开展五季，每季的时间跨度为5月至11月。一般经历的过程如图1所示。

“行走的教室”看上去似乎不是为数学建模专题设计的主题活动，但是“行走的教室”独特的实践性，问题是核心，就是要面对纷繁复杂的客观世界，发现问题、提出问题、解决问题，这正是学生数学建模素养培养的最好实践与应用场域。从每年“行走的教室”学生完成递交的论文来看，有三分之一以上的课题论文或调研报告，学生都在运用数学建模的思想方法分析解决提出的课题。这些论文在上海市青少年科创大赛、上海市中学生数学知识应用小论文比赛中屡次获得一、二等奖。表1是部分学生在行走中确立的数学建模课题。

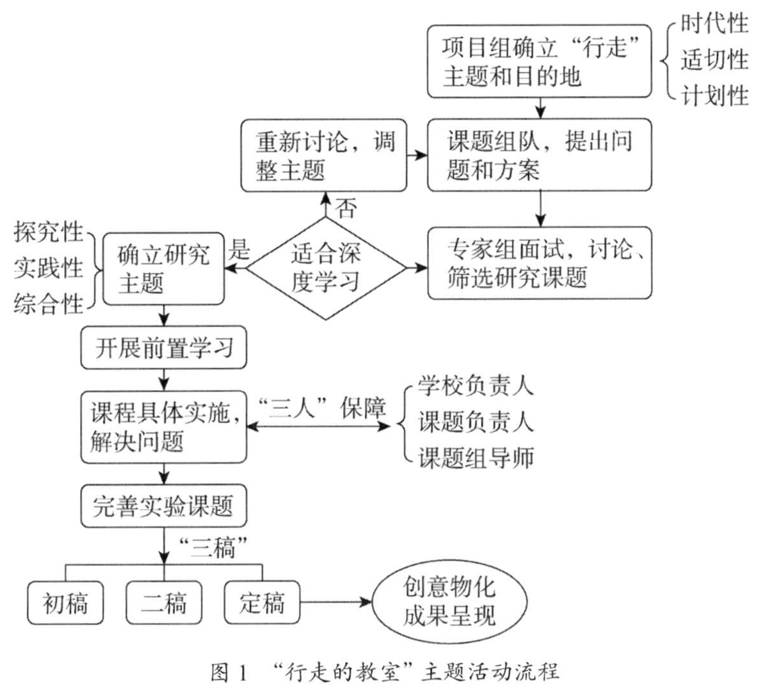

图1 “行走的教室”主题活动流程

表1 新中数学建模团队部分课题

序号	课题名称
1	自主搜索机器人路径规划问题的解决方案
2	金融机构个人贷款业务数据处理分析
3	无人机灯光表演的数学规划
4	公共自行车与共享单车互补性研究——以杭州、上海为中心
5	海绵城市土体改良及土基优化初步研究——以武汉为例
6	对于深圳充电桩模式的研究以及对于上海充电桩模式的设想
7	上海EVCARD与德国共享汽车的对比及其前景分析
8	无人超市的运营现状和发展前景——以“缤果盒子”为中心结论
9	洛阳桥桥墩及其疏水能力探索
10	高校生毕业后就业选择地的研究——浙江大学与上海交通大学的比较研究

（三）数学建模“创新范例”实施——竞赛活动

少部分在数学上有兴趣与天赋的学生组成新中数学建模团队，通常由 3 人成一组，团队分为 7—8 个小组。在全体成员自学与定期集训的基础上，每年都积极参与上海市数学知识应用竞赛、小论文竞赛、数学建模比赛等。五年多的竞赛活动中，涌现了许多优秀的数学建模方案，我们称之为“创新范例”。比如，2019 年上海市中学生数学建模活动赛题为“头痛病症简易咨询系统设计”，韩同学小组撰写的论文获一等奖，滕同学小组的研究成果获二等奖。再比如，2020 年美国数学建模大赛题目是问题 A“最佳夏季工作”，问题 B“资助生物多样性保护”，一些小组用英文撰写的解决方案成为数学建模的“创新范例”。冯同学小组的“创新范例”方案获得全美数学建模大赛一等奖，施同学小组的创新方案获得了二等奖。初步统计，近三年来，有 35 个建模团队 100 多名学生获得各类数学建模大赛一、二、三等奖。

四、新时代数学建模再探索

（一）进一步加强技术加持下数学建模的研究

国内外专家学者纷纷预测，以智能化与信息化为主要特征的第四次工业革命已来临。比如世界经济论坛创始人兼执行主席克劳斯·施瓦布在《第四次工业革命：转型的力量》一书中指出，“如今，移动设备将地球几十亿人口连接到了一起，具有史无前例的处理与存储能力，并为人们提供获取知识的途径，由此创造了无限可能性”。[①] 互联网、大数据和人工智能机器学习等新技术能否与数学建模有机结合，使这样的“无限可能性”成为突破数学建模某些关键难点的“金刚钻”。笔者认为新技术加持下开展数学建模是新时代的趋势，很有必要加以探索研究。

比如说，数学建模离不开数学学科所具有的逻辑推理、数学的运算、数学的直观想象等思维为基础，也离不开分析、评判和创新等高阶思维的支撑。因此，数学建模素养的培育与其他数学核心素养和人的高阶思维品质培养休戚相关。对此能否有科学的分析与判断？时至今日，发挥人工智能、机器学习等在数学建模案例及相关数据信息分析的优势，使数学建模的案例分析与研究更透彻也将成为可能。

（二）进一步开展数学建模的评价研究

评价是当今公认的世界性难题，数学建模素养的评价则是难中之难。一是难在数学建模不同于一般数学问题的封闭性，需要面向客观现实世界，问题具有开放性与不确定性。二是难在基于量化的复杂性，同一情境问题的数学模型呈现多样性，难以量化比较及量化的差异性。三是难在判定的差异性。基于对同一学生在数学建模各环节水平的判定，或者不同教师对同一学生建模环节的认定差异等，如表 2 所示[②]。

事实上，在数学建模的探索和实践中，正因

表 2　数学建模评价等级表

水平等级	描述	“拉面有多长”学生解答举例
水平 0	无法从实际问题中识别出任何数量关系，无内容	空白
水平 1	尝试将实际问题结构化、提出问题，但无法找到数学模型	大概 1.7 米。因为一个成年男性身高约为 1.7 米，张开手臂在身高长度上下
水平 2	提出合理的假设，并找到数学模型，但模型不合理	2×7×2=28（米）

① [德]克劳斯·施瓦布．第四次工业革命：转型的力量 [M]. 世界经济论坛北京代表处，李菁，译．北京：中信出版社，2016.
② 刘爱国．高中生数学核心素养的培养策略与评价研究——以数学建模为例 [R]. 上海市教育科学研究项目，2020.

（续表）

水平等级	描述	“拉面有多长”学生解答举例
水平 3	提出合理的数学模型，但未能得到准确的数学解答或者数学解答过程有错误	人的两手完全张开是 1 米多，图中未完全张开，所以假设是 1 米，对折 7 次： 1：1+1 ＝ 2（米） 2：2+2 ＝ 4（米） 3：4+4 ＝ 8（米） 4：8+8 ＝ 16（米） 5：16+16 ＝ 32（米） 6：32+32 ＝ 64（米） 7：64+64 ＝ 128（米） 所以是 128 米左右
水平 4	提出合理的数学模型，得到准确的解答，但没有从实际情境解释结果	一个普通成年人手臂伸开的长度约为人的高度，即 1.7 米，所以，$1.7\times2^7=1.7\times128=217.6$（米） 答：总长约为 217.6 米
水平 5	找到现实模型，转化为数学模型，得到准确的解答，结合实际情境解释并检验解答，评价数学模型的合理性	

为数学建模素养评价之难，才显示出数学建模的魅力，吸引了越来越多的专家学者开展研究。

（三）进一步加强数学建模教师素养研究

当下，在“双新”背景下的中学数学教师，普遍开始重视数学建模教学。上海市师资培训中心也聘请专家设计课程，举办面向中学数学教师的数学建模专题培训，并取得了一定的成效。然而，对标数学建模核心素养培养的师资要求，仍有亟待解决的三个问题：一是充实数学建模的“问题库”。问题是数学建模的核心关键。数学建模的问题是丰富多样的，来自我们的日常生活、现实世界及其他学科等多个方面。数学教师必须成为“有心人”，既要在现行数学教材的数学知识应用与建模的切入点上多实践，还要不断积累高中数学教材的应用和建模的参考素材，不断充实自身的数学建模“问题库”。二是加强数学教师数学建模报告与论文撰写的指导能力。我们发现，许多新教师从研究生毕业进入教师岗位的教学磨炼，数年后，教学能力规范化水平确有不同程度的提高，但教育教学研究能力，特别是指导学生撰写研究报告能力欠缺，或将成为教学和自身专业发展的“瓶颈”。在数学建模的学习中，指导学生完成数学建模报告的能力，包括问题背景、问题解决方案的设计、问题解决的过程、合作过程、结果的评价以及参考文献等撰写是教师的基本能力。三是提高运用新信息技术手段解决问题的能力。当今互联网技术的发展为数学建模提供了查阅学习新知识、解决问题的思想方法等便捷通道，但如何快速有效搜寻与筛选为自己所用的信息，离不开必要的信息技术手段的支持。

提高中学数学建模的教学水平，关键在于教师。只有教师的数学建模能力得到提升，才能使得学生解决实际问题、创新发展的能力培养得以实现。

“双新”背景下数学教师专业发展

胡 军
上海市虹口区教育学院副院长

数学建模要发展下去主要靠人，需要靠我们的教师。其实对于数学建模，我们并不陌生，早在2005年，在金山区召开的上海市中学数学教育论坛上就有关于“数学建模”的专题研讨。从各位老师举例当中，都有很多延展的关联。这样的东西对培养学生的创新精神和实践能力是非常有效的路径和载体。数学建模的初衷不是为了建模而建模，而是想通过这样的平台，让学生有数学建模的体验，从而培养他们的创新精神以及实践能力。我们现在的孩子学了数学不会用数学来解释或者来看我们的现实世界，很多孩子学了物理，家里的灯泡不敢换，因为怕触电。

参加论坛之前我也加强了学习，从2014年到2021年的相关文件都是工作的大背景。2020年10月召开的党的十九届五中全会提出“提升教师教书育人能力素质”的精神。当前，全国基础教育课程改革不断向纵深推进，要求广大教师在教育实践中主动转变育人方式，落实立德树人根本任务，对教师专业发展提出了新的要求。我主要从三个方面来论述。

一是新要求。新要求有“四新”。

第一，新定位。从课程实施的角度来看，教师在国家的正式课程和学生的经验课程之间起着桥梁作用。这样，教师对课程的理解与解释直接影响着课程推行的效果。迈克尔·富兰曾说“课程改革如何得以实施，决定于教师的所思和所为”。可见教师对新课程改革成功起着关键作用。所以，我们在本次新课程改革中要做“主力”而不能成为“阻力”。

第二，新机遇。教师的专业发展是动态发展过程，教师的态度、价值、信念、知识技能等各种行为无时无刻地需要调整、修订，重新审视评估和接受考验。因此，新课程新教材改革为高中数学教师的专业发展提出了挑战，同时也提供了平台和机遇。在这个阶段中我们要积极主动地顺应改革的浪潮，加速转变自身育人的理念，转变自身教育教学行为，提升自身专业素养。外部的环境有了，现在就靠我们内部觉醒。

第三，新角色。教师是新课程改革的主要实施者，教师的观念是其行为的先导，任何教学行为都是在一定的教学观念指导下进行的。没有符合新课改的教学观念，也就没有符合新课改要求的教学方式和方法。因此，新课程新教材改革要求教师更新观念、重新定位角色。(1)学习者角色：做中学，学着做。教师应成为终身学习者，教师最需要做终身学习者。我们项目化学习也是一种“做中学”。对我们来说，专业能力的提升，一定是在课程实践的过程当中提升的，仅听一次专家报告、看两篇文章是不够的；一定是在学习中实践，在实践中进行反思，然后循环往复才可以获得成功。(2)研究者角色：教师即研究者。教师在教学过程中要以研究者的心态置身于教学情境中，以研究者的目光审视和分析教学理论和教学实践中的各种问题，对自身的行为进行反思，对出现的问题进行探究，对积累的经验进行总结，并形成规律性的认识。(3)促进者角色：教师应是课堂教学的促进者。课堂教学是教师的基本职责，也是最主要的职责。新课程改革的目标需要通过课堂教学逐一落实和实现，新课程改革的成果最终也需要由课堂教学来检验和反映出来。因此，教师的责任是要通过课堂教学的具体途径来实践和实现课程改革的目标，课堂主阵地也是教师专业发展的“主阵地”。

第四，新变化。新课程新教材实施的关键在于以核心素养培育为抓手，实现育人方式的变革。数学学科的学习对学生形成正确人生观、价值观、世界观等方面发挥着独特的作用。高中数学要以学生发展为本，落实立德树人根本任务，增强学生的社会责任感。让人人都能获得良好的数学教育，不同的人在数学上得到不同的发展。同时，新课程新教材要求加强数学学科与其他学科，与学校育人方式之间的联系，强调数学与生活、社会的联系，提升学生应用数学解决实际问题的能力。

二是新挑战。核心素养培育是落实立德树人根本任务的具体化目标。无论是课程编写还是课程实施，都基于核心素养的背景，在核心素养的指导下进行研究实践。所以我们要关注核心素养的导向，尤其是高中学生，数学学科的学习对他们正确的人生观、价值观、世界观都起着独特的作用。在教学当中教师要创设合适的教学情境，启发学生思考，引导他们把握数学内容的本质，培育他们的科学精神、创新意识，数学建模就是非常有效的载体。对教师来说，在新背景下有四方面的挑战。

第一，观念和认识上的挑战。很多情况下，就是课程教材已经是新课标新教材，但是教师的观念还没有转过来，因此在实施的时候就不可能有效落实“双新”的要求，这前提是我们不能停留在教书，更多的应是育人。我们的出发点要放在学生的积极性上，引导学生认识自身的优势，通过鼓励去探索、去体验，能自己提出问题，让学习真实发生。

第二，知识构成和新课改之间的挑战。新课程新教材要求我们站在育人角度理解课程的内容，包含两个方面：一方面是从数学大概念角度理解数学教学内容；另一方面是数学学科实践的挑战，在教学中落实学科思维，融入学科方法。这要求教师对数学本质有深刻的理解，明确数学学科的育人价值，且善于学习。

第三，教师的教法和教材使用的挑战。新课程新教材的探究和讨论都是以学生的思想为中心，能不能领会其中的意图，需要我们不断进行思考和学习。

第四，评价要求的挑战。学科核心素养把党和国家对培养一代新人的目标转化为课程中可实现的目标，也就是说，数学的核心素养是可测可评的。

三是新思考。在新课程新教材背景下，数学教师发展有六个方面的新思考。

第一，要有包容新事物的智慧。新的教育理念到课堂教育实践一定有一个过程，这是一个不断学习、尝试、反思、实践的过程，所以我们要敢于接纳，这样可以让自身看到更为宽阔的世界，看到不一样的美丽风景。

第二，要有统揽全局的眼光和能力。新课改是以核心素养为导向，我们要有大的视野，不要拘泥于具体的知识，要看到具体知识背后培养学生的素养。通过师生的讨论等活动，培养学生的数学核心素养。

第三，要有科学合理的数学观。从育人视角来看，数学课程作为育人的载体，具有它的内在规定性和特点，要从事数学教学活动，就必须重视学习和研究它们，这就要求教师在专业发展的过程中要特别关注学科方面的要求，其中最主要的就是数学学习过程的整体性和联系性，即要求数学教师具备“整体性和联系性”的教学观念。

第四，要有研究教材、教学方法的能力。要用大概念、大单元的视角来研究教材。教学方法上，引导学生发现数学问题、提出数学问题，注重学生解决数学问题的探究过程，注重学生知识与能力的迁移。摒弃“保姆式”和“填鸭式”的教学方法，要大力坚持“以学生为主体”、实现“能力和创新精神并重”的教学原则。

第五，要有将数学与生活以及与其他学科联系的能力。数学来源于生活，数学学习归根结底是“数学化”的学习，即需要学会用数学的眼光去认识世界。因此，在数学教学中，若能更多地运用数学与学生生活的联系，则可以帮助他们更好地理解数学。不仅是高中——高中的数学建模很明确，义务教育没有明确——实际上对不同学段的学生来说，都需要培养他们学会用数学的眼光认识现实世界。

第六，要有指导学生学习与品德发展的能力。学科核心素养是学科核心价值、必备品格和关键能力的整体表现。也就是说教师要充分挖掘数学课程对于落实立德树人根本任务的独特贡献，这要求数学教师不仅能开展数学教学，还要能对学生的学习、品德等进行指导，实现从学科教学向学科育人的转变。2014 年 4 月教育部印发的《关于全面深化课程改革落实立德树人根本任务的意见》中指出要“充分发挥人文学科的独特育人优势，进一步提升数学、科学、技术等课程的育人价值”。《中小学德育工作指南》也将“课程育人”作为重要德育途径，并明确指出要“充分发挥课堂教学的主渠道作用，将中小学德育内容细化落实到各学科课程的教学目标之中，融入渗透到教育教学全过程”。另外，上海市人民政府办公厅印发的《关于本市新时代推进普通高中育人方式改革的实施意见》中指出，“继续完善本市普通高中学生发展指导制度，重点加强学生生涯教育和心理健康教育，完善高中班主任与全员导师制相结合的高中学生成长服务机制”。

青少年是祖国的未来和希望，而教师就是点亮民族希望的灯塔。“一个人遇到好老师是人生的幸运，一个学校拥有好老师是学校的光荣，一个民族源源不断涌现出一批又一批好老师则是民族的希望。”面对新时代新形势对教育提出的新的更高要求，我们广大教师需要主动迎接新课改的挑战。外部已提供了机遇平台，加上教师内部寻求改变的动力，将促进数学教师专业水准和能力又上一个台阶！让我们加强学习、研究，践行教改，在发展学生的同时发展自己，在发展自己的同时更好地发展学生，努力成为我们民族的好老师！

（责任编辑：汪海清　黄得昊）

大中小学德育一体化的评价指标设计：原则、要素和维度

汪斌锋[1]　王秋艳[2]
（1. 华东理工大学马克思主义学院　上海　200237；
2. 上海健康医学院马克思主义学院　上海　201318）

［摘　要］大中小学德育一体化的评价指标设计需要系统思维，在充分考量纵向贯通性与横向协同性、结果性与过程性、主观性与客观性、单项性与复合性相结合的基础上，对大中小学德育一体化的内容体系、工作体系、目标体系进行评价要素析出，对大中小学德育一体化的内容、施动者、目标达成和阶段性成长进行全方位指标设置，进而展开德育工作整体评价，推动不同阶段有效衔接、有机融合、协同育人，全面系统地落实“立德树人”根本任务。

［关键词］大中小学德育　一体化　评价指标

自从2005年教育部印发《关于整体规划大中小学德育体系的意见》（教社政〔2005〕11号）以来，推进大中小学德育一体化建设便成为德育领域的重要议题。近年来，大中小学德育工作日益受到国家层面的高度重视，尤其是大中小学德育一体化衔接问题，相关部门陆续出台了一系列相关文件。2019年3月18日，习近平总书记在学校思想政治理论课教师座谈会的重要讲话中指出，需要“在大中小学循序渐进、螺旋上升地开设思想政治理论课”，“要把统筹推进大中小学思政课一体化建设作为一项重要工程，推动思政课建设内涵式发展”。2019年8月，中共中央办公厅、国务院办公厅印发的《关于深化新时代学校思想政治理论课改革创新的若干意见》指出，需要深化“大中小学思政课一体化建设，要遵循学生认知规律设计课程内容，体现不同学段特点”。如何有力助推大中小学德育一体化工作，并对已开展的工作进行有效评价？大中小学德育一体化的评价指标建设显得尤为重要。

一、何谓大中小学德育一体化的评价

大中小学德育一体化的评价是指大中小学

基金项目：本文是国家社会科学基金高校思政课专项“全面推进习近平新时代中国特色社会主义思想进教材进课堂进头脑创新设计与实施路径研究”（项目编号：19VSZ011）的阶段性研究成果。

作者简介：汪斌锋，华东理工大学马克思主义学院副教授，主要从事德育评价指标体系研究。
王秋艳，上海健康医学院马克思主义学院讲师，主要从事红色文化进课堂研究。

学段（学校）思想道德教育纵向衔接贯通，横向协同联通的整体、系统化工作推进（考核督导）的评价指标体系，通常也简称为大中小德育一体化评价，或德育一体化评价。实施一体化评价旨在更好地将立德树人理念贯穿于各学段，形成各学段各学校目标渐趋一致的育人共同体。[1]

然而，就当前大中小学德育存在的问题来看，德育开展重形式多于重内容，重活动多于重成效，具体表现为学科体系、教学体系、教材体系和管理体系各自为政。开展德育的目标和内容、教学的设计与组织、实施与评价等各自为战[2]，且都存在一定程度的目标缺失、内容碎片、工作重复、评价缺位等问题[3]，主要原因是大中小学德育不够贯通，各阶段各部门各学校各自为政，尚未构成前后一致、内容关联、循序渐进、层次推进、螺旋上升的大中小学德育一体化育人体系，尤其是缺乏自上而下的、全面贯通的德育一体化的评价体系[4]。

大中小学德育一体化的评价是德育本身的一项重要工作，也是德育工作全方位系统化推进的有效抓手。这些年来，尽管德育一体化评价工作也展开实践探索并取得一定成效，但目标还远没有达到，主要原因是大中小学德育一体化的评价考核涉及的评价主体范围之广、评价维度之多，更成为德育工作中的一项难题。[5]为此，需要建立一整套大中小学德育一体化的评价指标体系，以相对量化的方式来评价教育体系中各学段各学校德育衔接贯通情况，是否内含了大中小学德育一体化设计、推进和实施的工作思路。通过评价指标来对大中小学德育一体化工作进行导向、强化、信息诊断和反馈，并以此助推德育一体化工作实践。

总的来说，推进大中小学德育一体化评价首先在本质上是为了更好地遵循人的成长规律和教育规律，从长期性系统性的视角来引导和推进人的培养；其次，推进大中小学德育一体化评价还在于防止德育工作碎片化，打通德育"肠梗阻"，打造"育人共同体"；再次，推进大中小学德育一体化评价有利于全面统筹德育资源，使之更加合理分配，更好地服务于国家整体德育工作。但是，大中小学德育一体化评价主要评价什么以及怎样评价，需要对评价原则和评价要素展开分析。

二、大中小学德育一体化的评价原则

（一）纵向贯通性与横向协同性相结合的原则

首先，大中小学德育一体化评价的本质在于将"立德树人"这一根本理念在不同学校不同学段不同群体中一以贯之。大中小学德育均以这一理念为宗旨而展开。其次，考虑到不同学段的群体具有知识叠加增长的特点，因此纵向贯通还需要尊重教育规律和儿童成长规律，需要结合具体对象，防止出现低效率重复性德育和碎片化德育倾向。再次，横向协同在于德育一体化本身还具有同学段群体相通性，需要充分考虑受教育对象的成长特点和德育教师的知识差异，只有保持横向协同才能更好地推进德育一体化，防止出现不同主体、不同区域、不同教师之间的德育偏差。

（二）结果性评价与过程性评价相结合的原则

结果性评价也称结果导向型评价，主要是评价受教育对象、受教育群体在接受德育之后身心所表现出来的效果以及不同阶段德育前后一致性、增长性的可预期结果。从结果性评价来看，受教育群体"内化于心"的德育效果难以真实判断。结果导向的评价虽有意义但所采集数据的效度可能面临客观性不足，因而还需要结合过程性评价。过程性评价主要是指对德育实施的全过程，以行为（事件）发生先后为时间轴，展开全环节的时间链条监测，其中发生的对结果影响具有可量化的相关性数据采集并评价。例如在受教育对象的德育过程中，将不同时间点位上的教育行为（事件）进行采集，同时指标的设立可以明确价值导向，既尊重教育规律也尊重个体成长规律，将人的培养教育过程纳入监测范围，也需要考虑预防出现因人为过多干涉违背教育规律引发科学伦理危机。过程性评价的特点在于过程的合理性中判断结果影响的有效性，但过程评价的结果有效性需要不断修正评价过程，这本身蕴含评价风险。因此，需要将结果导向和过程导向相结合开展大中小学德育一体化的评价。

（三）主观性评价与客观性评价相结合的原则

通常，评价指标体系侧重于客观可量化的评价，突出评价的“物理准确性”，才可能得出可重复可验证的科学结论。但是，德育一体化评价的难点在于德育本身带有较大主观性，尤其是对于受教育对象的德育效果进行评价。事实上，通过评价思路和评价对象的转换可以有效规避这种主观性评价的陷阱。因为大中小学德育一体化侧重工作评价，属于德育制度建设范畴，尽管受教育对象的评价也是其中重要一环，但可以通过主观性评价和客观性评价、过程性评价和结果性评价相结合的方式呈现相对的准确性，从而不断接近客观量化的评价。

（四）单项性评价与复合性评价相结合的原则

所谓单项性评价，主要是指对不同主体、不同学段、不同群体展开的某个单一维度的评价，例如某一类学校，某一个年级，某一个德育课程或者某一项德育活动，其评价特点在于将某个评价指标进行“横切面”监测，以便能够获得横向比较的数据。所谓复合性评价，是指不同学段的同一群体本身的德育知识具有复合增长特点，并在不同的地区还具有区域连通性，这种复杂性使得单项评价的横向比较不尽合理，因而针对大中小学德育本身环境复杂和知识叠加增长的特点，将单项评价和复合性评价结合起来，既做到一定程度的可比性，也能考虑具体对象的复杂性[6]，从而在指标权重的设置上通过“熵权法”“去杂”，更科学地呈现大中小学德育一体化的评价结果。

按照“先分层再分类”评价流程，评价指标的制定需要先区分过程性和结果性、主观性和客观性，再找出不同学龄阶段德育内容要求和目标差异展开概念操作和指标设置。按结果性划分：监测受教育对象的德育知识、德育行为和德育态度以及德育表现出来的预期效果。按过程性划分：监测德育施动者的德育行为、德育理念、德育内容以及德育开展的组织管理时间流程。按照主观性划分：监测受教育对象和德育施动者的德育态度、德育心理变化。按照客观性划分：监测受教育对象、施动者过程性的外显形态。当然，所谓大中小学德育一体化评价在于既需要关注结果的有效性，也需要尊重过程的合理性，需要结合结果性评价和过程性评价，主观性评价和客观性评价相统一（侧重客观性），单项性评价和复合性评价相结合，对德育实施过程有效衔接和前后一致的整体工作及效果展开全面评价。

三、大中小学德育一体化的评价要素

（一）评价大中小学德育一体化的内容贯通性一致性

评价大中小学德育一体化的内容贯通性一致性需要基于对德育概念意涵准确把握进而指标化操作定义。从德育的狭义和广义概念来看[7]，狭义德育主要是指与个体社会化的“道德”有关的教育，如儿童的品德教育，美好心灵和品行的养成，主要是从个体社会化的角度看待人成长所需要的道德品质。广义德育还包括政治化内容。不仅仅是个体的社会化，还包含社会化中的政治化，国家观念、阶级意识、公民性等内容的教化。[8]不仅强调社会素养，还强调政治素养、政治能力的养成。大中小学德育一体化评价在于依次从狭义到广义，将德育内容贯通于整个大中小学德育不同学段不同教育主体中。针对受教育的群体差异开展一以贯之的德育，同时在充分认识到教育规律和儿童成长规律的前提下，对德育内容的纵向贯通性一致性展开评价。

（二）评价大中小学德育一体化的工作机制

大中小学德育一体化是以德育施动者（部门、学校）为中心的德育工作一体化推进为载体的，其中包含有德育教材一体化、教学一体化、德育实践（活动）一体化、德育评价一体化等相关内容。从德育的过程来看，大中小学德育一体化就是把不同学段的德育工作统一组织协调管理起来，从学生成长规律、认知规律、学习规律出发，整体系统设计德育各个阶段各个层次各个环节，从人的自由而全面发展和国家政治信仰、价值目标等多角度来实施。首先，顶层设计。大中小学德育一体化的顶层设计是一体化的关键，相关文件和国家政策是否能够得到贯彻，这是一体化能否落实的重要前提。其次，大中小学德育课程是否一体化设计，是否有不同学段的衔接、不同课程的配合，是否能将德育理念一以贯之，是否能做到纵向贯通、横向协同。再次，作为德育关键的不同主体——学校能否有效开展德育教学，丰富德育活动，营造德育环境，有意识地在不同学段不同年级不同群体间开展针对性衔接性的德育工作。最后，作为德育一体化“最后一公里”的教师，起着关键作用，能否落实各项德育工作，教师之间是否具有一体化相关的德育意识和能力的培训考核提升机制。

（三）评价大中小学不同阶段德育目标达成

大学阶段的总体目标是构建马克思主义政治信仰，培育社会责任，成熟理性思维，树立正确的世界观、人生观、价值观。大学阶段的德育体现在全方位的思想政治教育中，全面围绕大学阶段的“三全三圈十育人”展开。高中阶段是初步构建马克思主义知识框架，形成正确的世界观、人生观、价值观导向，通过了解中华优秀传统文化和革命文化、社会主义先进文化，树立四个自信。初中阶段在于掌握我国政治相关知识，增强国家意识和社会责任意识，引导学生准确理解和把握社会主义核心价值观的内涵和实践要求。小学阶段在于培育国家情感，初步理解国家意识，认同和拥护国家政治制度。尤其是小学低年级阶段通过品性道德培养、情感教育，培养学生爱党、爱国、爱人民的朴素情怀。中小学德育的最终目标是完成政治社会化和健全人格，养成良好政治素质、道德品质、法治意识和行为习惯，形成积极健康的人格和良好心理品质，促进学生核心素养提升和全面发展，为学生一生成长奠定坚实的思想基础。总的来看，不同学段不同施动者有关德育一体化的主要评价指标具有贯通性一致性，可以从“组织领导及保障机制、教材、教学、社会实践、教学评价、德育教师和德育目标达成”等几个方面展开指标设置。

大中小学德育一体化评价的对象和内容都是具体的，只是不同学段不同群体实施德育的内容要兼顾总体目标一致性和具体内容差异性的统一。具体指标设计过程中需要充分考虑评价工作针对不同主体不同学段多元性和多维性的统一。

四、大中小学德育一体化的评价维度

（一）对德育一体化内容的评价

从指标设置来看，对大中小学德育一体化的评价主要侧重制度建设和工作内容方面，其指标设置需要体现出对大中小学德育一体化工作的教材体系、教学体系、社会实践（活动）和教学评价一体化的评价。

第一，教材体系一体化。使用国家统编教材或教育部（各省）统一规划且国家教材委员会审定教材；教辅读物符合教材目标设置，符合学段要求，内容体现贯通性一致性；德育课程相关的教学指南、教学大纲体现学段衔接和前后一致性，内容重复率低于一定比例。第二，教学体系一体化。课堂教学发挥主渠道作用，教学符合知识累进增长规律并符合学段认知特点，体现不同学段贯通性一致性；第二课堂等教学相关环节能横向联通德育课程内容；大中小学德育教师一体化德育能力提升机制和德育交流机制。第三，社会实践一体化。符合学段特点的德育基地及其活动衔接；开展学龄学段一致的德育实践活动并有衔接。第四，教学评价一体化。整体目标—效果评价；分阶段目标—过程评价。（见表1）

（二）对德育一体化施动者的评价

从评价的施动者来看，首先需要评价主管部门、领导机构有关德育一体化的组织领导管理服务工作。作为责任部门，是否规范、有效履行职责是评价的关键。从大中小学德育一体化要求来看，各级德育部门、大中小学是否细化了各自

表1　大中小学德育一体化的内容评价

一级指标	二级指标
Ⅰ 教材体系一体化	Ⅰ-1 使用国家统编教材或教育部（各省）统一规划且国家教材委员会审定教材
	Ⅰ-2 教辅读物符合教材目标设置，符合学段要求，内容体现贯通性一致性
	Ⅰ-3 德育课程相关的教学指南、教学大纲体现学段衔接和前后一致性，内容重复率低于一定比例
Ⅱ 教学体系一体化	Ⅱ-1 课堂教学发挥主渠道作用，教学符合知识累进增长规律并符合学段认知特点，体现不同学段贯通性一致性
	Ⅱ-2 第二课堂等教学相关环节能横向联通德育课程内容
	Ⅱ-3 大中小学德育教师一体化德育能力提升机制和德育交流机制
Ⅲ 社会实践一体化	Ⅲ-1 符合学段特点的德育基地及其活动衔接
	Ⅲ-2 开展学龄学段一致的德育实践活动并有衔接
Ⅳ 教学评价一体化	Ⅳ-1 整体目标—效果评价
	Ⅳ-2 分阶段目标—过程评价

表2　实施大中小学德育一体化的组织领导机构的评价

一级指标	二级指标
Ⅰ 组织领导及保障机制	Ⅰ-1 学校领导重视，党政联席会议专设议题和相关工作制度
	Ⅰ-2 设立大中小学德育一体化联络办公室，开展纵向衔接、横向联络工作
	Ⅰ-3 经费保障，有大中小学德育一体化预算经费和专项经费支持
	Ⅰ-4 开展大中小学德育一体化工作的人员保障
	Ⅰ-5 开展大中小学德育一体化工作的政策保障
Ⅱ 对主管领导的考核	Ⅱ-1 大中小学德育一体化工作有规划、有目标实施方案
	Ⅱ-2 落实大中小学德育一体化工作的责任

部门各学段的德育目标，是否对目标实施有规划方案，是否对目标达成有人财物和组织保障，是否对目标的实施具有系列的举措，是否对各项工作的开展适时进行考核以及考核后的激励整改举措。同样，作为德育实施的责任机构，在具体德育工作开展中能否制定或者落实相应的政策文件，例如，各学校德育教师数量配比情况，各学段课堂教学有明确的德育规范，各学段教师一体化育德意识和能力的培训交流制度等。

考察的内容主要是：第一，组织领导及保障机制。学校领导的重视情况，是否有大中小学德育一体化工作相关的党政联席会议议题及学校层面的工作制度；设立大中小学德育一体化联络办公室，开展纵向衔接、横向联络工作；经费保障，有大中小学德育一体化预算经费和专项经费支持；开展大中小学德育一体化工作的人员保障；大中小学德育一体化工作的政策保障。第二，对主管领导的考核。大中小学德育一体化工作有规划、有目标实施方案；落实大中小学德育一体化工作的责任。（见表2）

表3 大中小学德育一体化教师育德能力培养和考核评价

一级指标	二级指标
Ⅰ 教师一体化育德能力培养机制	Ⅰ-1 完善大中小学不同阶段教师一体化育德意识和能力培养的长效常态化提升机制
	Ⅰ-2 完善大中小学不同学段教师育德意识和育德能力的一体化考核评价机制
	Ⅰ-3 落实并完善不同学段教师一体化育德意识和育德能力提升的组织保障和激励机制
	Ⅰ-4 建立大中小学德育教师多形式分层次一体化育德能力培训与指导机制，开展全学段德育沙龙、集体备课、交叉混合学习等
Ⅱ 教师一体化育德能力考核机制	Ⅱ-1 确定德育分阶段目标，制订阶段性教学计划，参与编写不同阶段教案
	Ⅱ-2 不同学段德育教学步骤环节设定
	Ⅱ-3 不同学段德育场景掌控能力
	Ⅱ-4 不同学段德育实践活动安排
	Ⅱ-5 不同学段德育资源发掘优化能力
	Ⅱ-6 学科间德育渗透能力

从提升德育教师相关能力方面来看，评价主要是针对大中小学德育教师一体化育德能力培养方面展开：（1）完善大中小学不同阶段教师一体化育德意识和能力培养的长效常态化提升机制；（2）完善大中小学不同学段教师育德意识和育德能力的一体化考核评价机制；（3）落实并完善不同学段教师一体化育德意识和育德能力提升的组织保障和激励机制，在人财物方面优先保障需要[9]；（4）建立大中小学德育教师多形式分层次一体化育德能力培训与指导机制，开展全学段德育沙龙、集体备课、交叉混合学习等形式指导教师更好地挖掘一体化德育资源，创新一体化德育形式，全面提升教师一体化育德意识和育德能力。

同时，考虑到德育教师作为落实德育一体化工作“最后一公里”的关键，还需要对教师一体化育德能力进行评价考核，具体体现为：（1）确定德育分阶段目标，制订阶段性教学计划，参与编写不同阶段教案；（2）不同学段德育教学步骤环节设定；（3）不同学段德育场景掌控能力；（4）不同学段德育实践活动安排；（5）不同学段德育资源发掘优化能力；（6）学科间德育渗透能力。这几个角度对教师一体化德育能力进行考核提升。（见表3）

总的来说，对德育一体化的施动者评价主要从管理部门和教师两个维度展开，既考察管理部门是否落实了教师德育一体化能力的培养提升责任，做好服务教师相关能力培养培训工作，也要加强对教师自身一体化育德能力进行检查考核。对施动者的评价只是一个方面，另一个方面则是对不同阶段的受教育群体（受动者）的德育一体化目标达成进行评价。

（三）对德育一体化目标达成的评价

目标达成主要是针对不同学段不同年龄的受教育群体是否具备不同阶段应有的德育效果。小学阶段、中学阶段和大学阶段，不同学段不同群体的德育一体化目标达成效果的评价需要结合最初的分阶段目标设定来展开。

从德育一体化的初衷来看，大中小学德育目标设置要符合一体化倾向，需要做到德育长远目标与不同学段目标相结合，长远目标可以细化成近期阶段性目标，不同学段的短期目标也要充分蕴含德育长远目标的内容属性。大中小学德育一体化测量指标中必须做到长期目标具有一致性，学段目标具有互洽性，目标内容具有可比性，评价手段简易可行，测量结果具有激励导向性。

大致说来，可以从以下五个方面来确定指标[10]和相关权重：（1）思想政治素质。主要包括是否树立了正确的人生观、世界观、价值观，拥有较高的爱国主义集体主义精神，是否具有较高的思想觉悟和思想境界，拥有一定的政治理论水平，政治立场是否坚定；政治觉悟的高低；政治的敏锐性；是否有积极的人生态度与人生追求。（2）情感品德素质。包括高尚情操、奉献精神、伦理道德观念、法治观念。（3）心理健康素质。包括健全人格、个性心理品质、品格、心理调适能力。（4）审美情趣素质。包括审美观念和态度、审美情趣、行为风度及气质。（5）劳动态度。包括劳动观念、劳动技能、劳动能力。（见表4）考虑到不同群体目标达成的差异，可以从权重设置来调节不同阶段的目标达成度。例如高年级的受教育对象侧重思想政治素质，低年级受教育对象侧重情感品德。在具体开展评价的时候采用分区分学段分群体试调查的方式获得原始数据进行熵权法权重测定，从而更科学地评价真实的目标达成情况。

需要指出的是，大中小学不同学段的德育施动者和受教育对象有着知识层次、认知结构和社会阅历差异，因此一体化评价中需要结合长远目标的一致性贯通性和具体目标设置上不同对象的阶段差异，赋予不同的权重进行结果推算，在权重的调整中体现长期性与分阶段性、总体一致性和群体差异性的统一。

（四）对德育阶段性成长的自我评价

大中小学德育一体化的有效性最终评价需要结合自身的成长认知。为此，针对德育施动者和受教育对象，需要开展以自我设计为核心的成长性德育评价。这是在客观性评价之外补充的过程性主观评价。自我设计是一种以自身德育成长基期和成长目标设定为时间界限的德育成长评价，通常以一个学期（或者学年）为时间段，以每个德育施动者和受教育对象建立“德育成长档案”记录德育发生过程和自我德育感知评价。其具体包括：根据不同学段德育目标设置的指标提出具体育德要求，为参与者制定自身合理的德育发展路向和具体目标，制订自我德育发展计划表——教师成长档案和学生成长档案。在每个考察时间段内，根据自身德育实施的实际情况，填写个人德育发展计划书，记录德育行为、事件和心理变化，尤其是在基期确定的德育某些“不足”方面为自身定一个德育发展目标，并进行持续的记录考察，每个考察期对德育有效性进行专家、同行、自我评价，最终形成具有过程性记录在案的“德育成长档案”。

制定评价基准，适当规避主观性。考虑到“德育成长档案”具有一定的主观性，因此，可以参照不同学段同龄人的德育平均水平制定“评价基准”。根据个体成长差异和同龄群体德育一般状况开展相对性评价，充分考虑个体差异，以评价对象（同群体教师或者同学段学生）的平均水平为基准，将个人成长评价与该基准进行对比进而确立下一阶段的成长目标，通过自身的成长和认知水平来判断后续发展可能的趋势，并设立符合自身差异的成长量表。事实上，德育成长性评价既有来自客观的要求，也需要尊重个体德育成

表4　大中小学德育一体化目标达成的评价

一级指标（权重1）	二级指标（权重2）
Ⅰ 思想政治素质	三观教育，爱国主义集体主义教育，引导积极的人生态度、人生追求
	政治立场、政治觉悟、政治敏锐性以及政治理论水平
Ⅱ 情感品德素质	高尚情操、奉献精神、伦理道德观念、法治观念
Ⅲ 心理健康素质	健全人格、个性心理品质、品格、心理调适能力
Ⅵ 审美情趣素质	审美观念和态度、审美情趣、行为风度及气质
Ⅴ 劳动素质	劳动观念、劳动技能、劳动能力

长的真实需求，是一种过程性和结果性、主观性和客观性有机结合的评价方式。这种评价根据实际情况也可以邀请学生、教师、专家等相关群体加入，可以从“德尔菲法”和“头脑风暴法”中获得更为科学合理的基期和标准期指标。

总的来看，对德育阶段性成长的评价体现了参与德育的个体在尊重自身成长规律的同时也遵循德育发展规律，依据总体目标来设立个体目标，并通过目标达成的全程监测来判断、纠偏和维护自身的德育成长。在评价的过程中将个体的德育一体化目标自我实现，最终也是对自己人生成长负责。

最后，从评价方式来看，大中小学德育一体化评价指标体系既可以依托第三方自上而下地开展不同学段不同学校不同地区的德育一体化评价，也可以依托教育系统内部不同主体，例如教育主管部门、学校，依据指标开展自我评价，评价本部门内部不同学段群体的德育一体化工作开展情况和效果。其最终目的在于将指标作为检测、指导、反馈大中小学德育一体化工作的重要抓手。

参考文献：

[1][2][5] 韩春红，沈晔．推进大中小学德育一体化的现实困境及机制建设探究 [J]. 中国电化教育，2021（2）：8–13.

[3] 李明，高向辉，等．大中小学思想政治教育一体化体系构建 [J]. 现代教育管理，2020（6）：14–19.

[4] 韩震．推进大中小学德育一体化进程的理念与思路 [J]. 中国高等教育，2020（17）：4–5.

[6] 王薇．基于复杂性科学的中小学德育评价模型构建及应用 [J]. 教育理论与实践，2020（35）：11–15.

[7] 檀传宝．“德”“育”是什么？——德育概念的理解与德育实效的提高 [J]. 中国德育，2016（17）：31–35.

[8] 周志成，罗慧．关于厘清德育概念的思考 [J]. 思想教育研究，2015（1）：12–16.

[9] 周艳．构建大学生思想政治教育保障机制新探 [J]. 学校党建与思想教育，2009（20）：42–43.

[10] 谢爱莲．基于 AHP 法的大学德育能力评价体系探讨 [J]. 湖南社会科学，2014（1）：51–54.

The Design of Evaluation Index for the Integration of Moral Education in Universities, Middle Schools and Primary Schools: Principles, Elements and Dimensions

WANG Binfeng[1]　WANG Qiuyan[2]

（1. School of Marxism, East China University of Science and Technology, Shanghai 200237;

2. School of Marxism, Shanghai University of Medicine & Health Sciences, Shanghai 201318, China）

Abstract: Systematic thinking is needed to design the evaluation index of the integration of moral education in universities, middle schools and primary schools. On the basis of fully considering the combination of vertical penetration and horizontal synergy, result and process, subjectivity and objectivity, as well as singleness and compositeness, the evaluation index aims to evaluate the elements of the content system, work system and target system of the integration of moral education in universities, middle schools and primary schools, to set up all-round indicators for the content, actors, goal achievement and phased growth of the integration of moral education in universities, middle schools and primary schools, and to carry out overall work evaluation, thus promoting the effective connection of different stages, organic integration and collaborative education, and implement the fundamental task of “building morality and cultivating people” comprehensively and systematically.

Key words: Moral Education in Universities, Middle Schools and Primary Schools; Integration; Evaluation Index

（责任编辑：汪海清　谢娜）

一体化背景下道德与法治课程建设的思考

张尚达
（上海市师资培训中心　上海　200233）

[摘　要] 大中小学思政课一体化建设背景下，义务教育阶段的思政课（即道德与法治课程）建设面临着机遇与挑战。挑战主要体现在：思政课重要性不断提升，如何通过一体化建设凸显课程价值，如何通过评价方式改革呈现学科的核心素养导向，如何通过教和学的变革进一步提升思政课的学习效果，如何进一步提高思政课教师的胜任力等。未来需要继续深化大中小学思政课一体化建设，整合好各类资源上好大思政课；通过搭建平台，建设学校共同体，培养优秀的思政课教师队伍，不断推进道德与法治课程发展。

[关键词] 道德与法治课程　一体化建设　学科核心素养　大思政课

思政课是落实立德树人根本任务的关键课程。从2016年起，把义务教育小学和初中起始年级“品德与生活”“思想品德”教材名称统一更改为“道德与法治”。面向未来，道德与法治课程（以下简称“道德与法治课”）机遇与挑战并存。

一、道德与法治课面临的挑战

思政课的发展必须放在“百年未有之大变局”形势下考察。道德与法治课处于大中小学思政课一体化建设的前期和中期阶段，其建设受到教师理念、社会固有观念、学生学习方式等条件的制约，面临四方面的挑战。

（一）课程价值更需凸显

习近平总书记指出：当前形势下，办好思政课，要放在世界百年未有之大变局、党和国家事业发展全局中来看待，要从坚持和发展中国特色社会主义、建设社会主义现代化强国、实现中华民族伟大复兴的高度来对待。我们正在为实现“两个一百年”奋斗目标而努力。未来30年，我们培养的人要能够完成“两个一百年”的伟业。这就是教育的历史责任。我们党立志于中华民族千秋伟业，必须培养一代又一代拥护中国共产党领导和我国社会主义制度、立志为中国特色社会主义事业奋斗终身的有用人才。这就要求我们把下一代教育好、培养好，从学校抓起、从娃娃抓起[1]。习近平

作者简介：张尚达，上海市师资培训中心中学高级教师，主要从事思想政治教育教学研究。

总书记从国家发展和民族复兴的战略高度，全面系统地论述了思政课的意义与功能，为新时代思想政治教育指明了前进方向，提供了根本依据。

教师是落实思政课立德树人根本任务的关键，对于思政课课程价值的实现具有重要作用。目前，广大道德与法治课教师从宏观上能够理解课程价值且认同课程的重要作用，并努力通过教育教学行为将课程价值体现出来。但在具体实践过程中，一些教师受限于教材体例，较少从课程价值的角度思考和设定教学目标。具体体现在：课时教学目标结构化程度较低，较少从课程模块的视角设定教和学的目标；微观考虑多，宏观考虑少；看当下多，从历史视角观察少；碎片化观察较多，整体性观察较少；简单判断多，逻辑性评价少；感性描述较多，理性分析较少；知识灌输多，方法论教学少，课程价值体现比较生硬。

随着我国扩大开放，我国同世界的联系更加紧密，相互影响更趋深刻。道德与法治课更需要发挥课程价值，引导学生建立四个自信，建立自身发展与国家发展的紧密联系。党和国家从不同维度反复强调“培养什么人”这个根本问题，重点要求抓好历史教育，引导青少年弄清楚中国共产党为什么“能”、马克思主义为什么“行”、中国特色社会主义为什么“好”等基本问题。由此可见，道德与法治课的课程价值需要进一步凸显，以回应党和国家的现实需要。

（二）课程建设和课程评价改革内涵有待深化

1. 一体化建设深度不够

目前各地的大中小学思政课一体化建设实践主要聚焦在教材内容或者应景主题层面，对于大中小学思政课一体化建设的内涵研究不深、不透，突出表现在课程内容、学生成长规律、课程价值、授课主题之间的结构不清晰，定位不明确，方位感不强。大学和基础教育的壁垒没有完全被打破，话语体系隔膜比较深。

对道德与法治课来说，义务教育阶段年段长、年级多，学生情况比较复杂，教师对学段衔接关注较少，缺乏一体化思维。在课程实施过程中，教师主要以落实本学段教材内容为目标，一体化建设理念有待增强。

2. 基于学科核心素养的课程评价尚未完全落实

2020年10月，中共中央、国务院印发的《深化新时代教育评价改革总体方案》逐步落实，道德与法治课课程评价方式的转变势在必行。目前道德与法治课课程评价的问题主要集中在：（1）纸笔考试的终结性评价仍然是课程评价的重要方式，且评价内容与学科核心素养导向的课程评价还有距离，过度强调识记，脱离情境等；（2）对于过程性评价比较随意，教师没有应用恰当的方法对学生的学科活动进行有效评价，在社会实践中对于学生的表现性评价手段、方法较少，难以达成以评促学及发展性评估的目的；（3）学校对道德与法治课教师的评价主要集中在学生考试成绩，对于教师育德和育人实绩的认定面比较窄，道德与法治课的特殊性在课程评价上体现不足。

（三）教和学的方式尚未适合新时代的要求

人始终是教育工作的中心，围绕人进行的教育活动必须遵循客观规律，教师需要建立起学习内容与学生关联的桥梁。这点对于道德与法治课来说特别重要。要想更好地实现道德与法治课的课程价值，必须改变以碎片化知识点为主的教学方式，采用以学科核心素养为导向的教学方式；建立教与学的关联，关注教与学目标的一致性，注重形成道德与法治课的学习方式。可以通过三个路径实现学科核心素养的整体性达成：一是通过实践活动、思维活动进行整合；二是通过情境化学习过程进行整合；三是通过过程性评价进行整合。面向未来的道德与法治课从教和学的角度来看存在以下挑战：

1. 义务教育阶段的部分教学方式不符合学生的特点

道德与法治课涵盖义务教育阶段的九年，

学生年龄差异大，教与学的方式差异也较大。小学阶段的教学注重通过活动启蒙，初中阶段的教学注重通过体验打牢思想基础。但在现实教学中，部分活动的教育目标性不强，学科教育属性比较弱，形式大于内容。这些活动不能随着孩子年龄的增长体现区分性，经常出现孩子年龄上去了，活动的层级还比较低龄的错配现象。

初中阶段特别是八年级之后道德与法治课教学内容的体系性增强，部分教师更偏重“例证 + 知识点”或者“知识点 + 例证”的传统教学方式，追求所谓的例证精致化，如依然采用“一例到底”等比较陈旧的教学方法。单一维度的例子往往结构良好，能够反映现实生活中的复杂现象，也能够把相关主体、各要素之间的关系抽象化。这种理想状态虽有利于学生理解相关现象与教材知识之间的对应关系，但不利于学生在生活中分析和解决问题。因此，这样的教学方式既不能满足教学内容系统化、逻辑性强的要求，也不能适应学生随着学龄增长不断发展的认知需要和学科关键能力提升需要，当认知需要和学科关键能力需要不能被满足时，正确价值观念的建立就更难了。正确的价值观念不仅是基于情绪的表达，更重要的是基于理性分析后的认同和践行，这需要有与人的成长相匹配的学习方式作为支撑，而从启蒙到体验需要有与人的成长相适应的教学方式作为支撑。

2. 学生尚未掌握思政课的科学学习方式

第一，由于教师的教学关注传统的知识点和例证的相互映射，学生的学习方式也比较单一，道德与法治课本身具有的跨学科属性不能在学生的学习过程中呈现出来。第二，道德与法治课作为哲学社会科学必然有其适合的学习方式，如问题导向探究、实证分析。教学中存在的主要问题之一就是理论与现实相脱节，缺乏对社会现实问题、学生实际状况的关注。教学内容安排和方法手段的选择不能去对象化。受限于各种主客观条件，这方面的学习方法在思政课教学活动中较少设计。第三，作为活动型学科课程，社会实践活动和综合实践活动是道德与法治课的重要组成部分。通过各类实践活动，学生能够丰富学习体验，习得科学学习方法，加深理论学习。由于主客观条件的制约，带有探究性质的实践活动在道德与法治课中较少开展。第四，教师在从“教教材”向“用教材教”的转型中碰到了以下问题：其一，从教材之于课程而言，教材是无条件接受的产品，还是实现课程目标的材料，抑或是提供多元诠释的文本？其二，从教材之于教学而言，教材如何应对不断在实践基础上推进的理论创新？如何协调教材的同质性和教学情境的异质性？其三，对于教师专业发展而言，越来越精致化和结构化的教材在方便教师实际操作的同时，也替代了教师进行各种教学决策和推理，这是否限制了教师创造性和个性化教学？教材作为基础性材料占据课堂的同时，教师如何专业化处理课堂协商的问题生成和教材预设？

（四）教师胜任力有待提高

思政课教师胜任力是思政课课程价值得以实现、课程功能得以落实的关键。新时代的思政课对思政课教师胜任力提出了新的要求。

1. 小学阶段教师队伍尚未配齐，各学段思政课教师有效研修开展不足

教育部等五部门印发的《关于加强新时代中小学思想政治理论课教师队伍建设的意见》规定：小学低、中年级应配备一定数量的专职思政课教师，小学高年级思政课教师应以专职为主，有条件的地方可逐步提升专职配备比例。小学思政课教师可由班主任或相关课程教师兼任，小学党组织书记、校长、德育主任、大队辅导员等领导管理人员应在培训合格后兼任小学思政课教师。初中、高中应配齐专职思政课教师。目前，各地逐步按照要求配齐了小学阶段思政课专职教师，但在人员配备完成后更大的

挑战是如何对数量巨大的思政课教师进行有效的培训。义务教育阶段的思政课教师涵盖9个年段，小学和初中学段差异巨大，各学段内部学生认知情况差异大，有针对性地在义务教育年段开展有效的思政课教师研修困难大，但又尤为关键。教师研修应包括研修模式的创新、研修内容的构建以及针对不同水平的教师开展个性化培育。

2. 教师的知识结构未能适应新课程和新教材的要求

道德与法治课涉及马克思主义哲学、政治经济学等领域，部分兼职思政课的教师对这些领域的内容非常陌生；对于专职思政课教师而言，其大学阶段的学习也不足以覆盖相关领域，现行统编教材中大量的内容在其之前的教育教学实践中也从未涉及。教师学科知识的结构性缺失是道德与法治课发展的痛点和堵点。指向学科核心素养培育的思政课教学对教师而言是从理念到行为的全方位挑战，目前教师更多关注行为层面的怎么做，忽视了对于行为背后的课程价值的理解，特别是新时代思政课使命下对教学行为的审视不足。

二、基于一体化建设的道德与法治课发展对策

（一）道德与法治课的建设必须放在大中小学思政课一体化背景下进行

思政课建设作为一项系统性教育工程，在时间维度上要求小学、中学、大学三个学段有机衔接，在空间维度上要求家庭、学校、社会有机配合。深化大中小学思政课一体化建设，应锚定道德与法治课的功能和价值，从根本上改变大学、中学和小学在课程设计中各自为政的现象，形成环环相扣、层级递升的课程体系。面向未来，道德与法治课必须从大中小学思政课一体化建设中找到对策。一体化建设既是思政课发展的顶层设计和方向，又是思政课发展的方法论，还是思政课发展的策略及路径。具体来说体现在以下几方面：

1. 推动塑造道德与法治课的知识形态

道德与法治课涵盖多领域内容，且知识体系各不相同。道德与法治课学习内容，是在各个不同领域的共同事实与相关知识的交叉中发生的，学生学习时要在不同知识范畴中，建立对共同事实的统合性认识，包括认知能力的共同性建构、认知方式的统合性建构等。思政课无论是知识领域还是个体认知领域，都需要从一体化的角度设计学习过程，学习时心中要有整个思政课建设的宏伟蓝图，这样的知识形态构建就是动态的、前后衔接且有逻辑的。与一般的实践活动不同，在道德与法治课教学中，知识学习与知识教学是统一的整体，作为整体性的活动，有效的教才能产生有效的学，有效的基础在于一体化的设计，重点包括知识的有效交叉、行为的合理反复、认知的螺旋上升、能力的循序渐进、情感的不断升华。[2]

2. 深化对道德与法治课科学规律的认识和实践

道德与法治课的政治性、思想性、专业性相互贯通，应针对各学段学生的认知规律与学习特点，一体化顶层设计，循序渐进、螺旋上升，形成符合学生年龄发展特点的、丰富多样的教学形态，根据学生的身心成长特点设置教育内容。

循序，是指遵循学生身心发展特点、成长规律、教育规律；渐进，由认知，到感受，到情感，到内化，步步高。螺旋上升，是过程的体验，强调形成观念、把握原则、理解理论、达到认同、信仰、践行，关注在不同向度的发展和前行，而所有的发展和前行都建立在积累与提升的基础上。积累包括两方面：一是知识与经验的积累；二是情感与责任的积累。知识与经验学习，能够帮助学习者形成良好的思维能力，获得分析问题的能力和参与社会实践的方法。

3. 探索科学的道德与法治课方法论

道德与法治课遵循学科逻辑与实践逻辑，强调理论知识与生活关切相结合、理论观点与生活经验有机结合，引导学生在社会实践活动

的历练中、在自主辨析的思考中感悟真理的力量，自觉践行社会主义核心价值观。教师要以透彻的学理分析回应学生的思想关切。人的思维能力有一个由低级到高级、由感性认识到理性认识、由依赖具体经验到能够进行逻辑抽象的发展过程。因此，道德与法治课的教学要根据学生的思维水平匹配适切的方法，提高适配性和针对性。如在小学阶段串联“故事链”，注重启发诱导；在中学阶段架构“逻辑链”，坚持价值引领。

道德与法治课要不断寻求方法上的多种多样、协同配合，以满足学生的需要、促进学生的发展。此外，大中小学思政课一体化建设也要注重不同学段之间方法论的承接，如在初中阶段可以引入高中阶段常用的文献阅读、图表阅读等非连续性文本阅读方法，促进学生高阶思维能力的发展。一体化建设也应强调一些原则和方法在各学段、各地区的连续运用。如价值性和知识性相统一、理论性和实践性相统一、统一性和多样性相统一、灌输性和启发性相统一、主导性和主体性相统一、显性教育和隐性教育相统一。下一阶段需要进一步研究的是这些原则和方法在各学段的边界以及随着学生的成长和学习内容的改变如何有效实现从方法到方法论的提升。

（二）通过资源整合转变思政课教和学的方式

1. 坚持理论性和实践性相统一，落实道德与法治课的活动型学科课程定位

思政学科提倡构建活动型课程，既体现其作为教学依据的意义，又要积极发掘其引领教学活动的功能，着力反映活动型学科课程实施的特点，如关注学科内容与活动设计的融合、议题的设置与展开、课堂教学与社会活动的对接等。教师应通过知识和活动体验，让学生获得正确的价值观、政治判断力及社会参与能力。[3]

道德与法治课要通过理论联系实际的教学，让学生领会科学理论的实践价值。首先要联系学生的生活和思想实际。学生的生活和学习经验会影响其认知方式、思考方式、行为方式。随着学生的成长，问题肯定会越来越多，道德与法治课不仅要解其知识之惑，更要解其思想之惑。教师要从学生关注的热点问题、焦点问题、难点问题、疑点问题出发，善于进行科学的分析和批判，引导学生对各种思想观点进行辨析甄别、过滤净化，解决学生的思想困惑，提高学生的思想水平。其次要联系社会实际。实践性是马克思主义理论区别于其他理论的显著特征。教师要重视道德与法治课的实践性，把小课堂同社会大课堂结合起来，提高学生运用所学分析问题、解决问题的能力，让学生在“用”中体会到马克思主义理论的力量。理论联系实际，关键是要做到二者的有机结合。[4] 如中学阶段的学生处在体验性学习阶段，教学设计中要加强活动性实践和自主思考体验，使其通过体验内化养成习惯，从而打牢思想基础。又如，要鼓励学生从小深入社会大课堂，充分利用寒暑假等假期开展主题实践活动，在社会大课堂中主动实践，不断反思，并产生新的思考。两个课堂的有机结合，提高了道德与法治课的思想性和针对性。

2. 充分利用各种资源，构建课程和资源同向同行、协同育人的育人格局

革命博物馆、纪念馆、党史馆、烈士陵园等是党和国家红色基因库。

用好红色资源要有大设计。红色资源是我们党宝贵的历史财富。教师要合理设计符合青少年特点的教育活动，让这些资源能够“开口讲话”，引导广大青少年把个人理想融入时代主题和复兴伟业，增强做中国人的志气、骨气、底气。教师要把改革开放实践中的伟大建设成就作为道德与法治课的鲜活素材，使得课程教学与改革开放生动实践相结合，引导学生在沉浸式体验、互动式体验、专题式体验中感受改革开放给国家、社会乃至每一个人带来的变化。课程中有丰富的育人资源，教师要充分利用思政

课跨学科的属性，挖掘相关学科中的红色资源，结合义务教育阶段不同年龄学生的特点系统开展社会主义核心价值观教育、法治教育、劳动教育、心理健康教育、中国优秀传统文化教育，加强课课协同、课内外协同、校内外教育资源协同、校内外各方力量协同，不断提高道德与法治课的教学实效。

道德与法治课教学要把培育学生核心素养作为学科基本价值追求，树立大教育观，突出学生主体，促进学科教学向课程整合转变、单向输出向互动共享转变，使学生在课程学习中获得深度体验，从而实现传授知识向养成素养的转变，促进学生发展。

（三）进一步建设好道德与法治课教师队伍

1. 形成道德与法治课教师一体化研究、培养机制

大中小学思政课一体化建设要求教师能够深刻领会思政课的总目标、总要求，钻研精通本学段的教育内容，熟悉了解相邻学段的内容。道德与法治课教师树立了全局观、整体观，有了知识视野、国际视野、历史视野，懂得融会贯通、承前启后，便能够通过生动、深入、具体的纵横比较，把道理讲明白、讲清楚。

建构大中小学思政课一体化建设的教师胜任力结构模型，进一步明确提高道德与法治课教师胜任力的有效途径，深化教师培训内涵；创设多元的一体化研修、教研、交流平台，围绕不同能力要求和素养提升目标，研发相应培训课程，建构课程体系；带动形成自主、共同研修的氛围，促进当前教师培训模式和形态的转型发展。

建构支持大中小学思政课一体化建设的教师专业发展培训模式与研训体系，以提高道德与法治课教师的胜任力。打通教研培训机制，实现高校教师与各学段教师在专业引领下的互帮互助，经验分享。教师队伍一体化建设要遵循大中小学三个学段之间教学目标、教学内容、教学方式、学生认知特征的差异性与普遍性相统一规律，抓好教书育人一体化、科学研究一体化、教师成长发展一体化。

2. 构建教师学习共同体

打破学段壁垒，沟通高校和基础教育学段学校，使其发挥各自的优势；同时，深化各学段教师对全学段思政课教学内容的理解，使教师具有全局观念，既拥有整体教育教学视角，又能够准确把握本学段在学科核心素养培育中的地位、特性及重要价值。帮助各学段教师从学生健康成长和全面发展角度出发，遵循学生认知发展规律和品德培育规律，深刻理解、认识学科育人价值和本学段育人目标等，从而根据学生的认知特点和成长规律，有针对性地制订教学计划，采取合适的教学和评价方式开展教学。

贯通各学段思政课教学知识体系，使各学段教师能够清晰把握大中小学思政课知识结构分层递进、螺旋上升、整体衔接的内容序列，系统化设计，从而推动教师建构结构化的学科知识体系。在共同的学习、研修场域中，具有不同教学理念、经验和智慧的各学段思政课教师汇聚在一起，通过思维、信息和观点的碰撞，形成了关于一体化教学的新理念、思路与知识，提升了教师学习共同体的教学水平和创新能力。同时，可以建立各类研修和资源共建分享平台，营造教师共同教研、协同发展的氛围，形成集体智慧，建立一体化的教师专业发展支持与保障体系。

参考文献：

[1] 习近平 . 思政课是落实立德树人根本任务的关键课程[J]. 求是，2020（17）：4–16.

[2] 周增为 . 从课程与教学维度思考思政课一体化建设 [J]. 中国高等教育，2020（1）：7–9.

[3] 韩震 . 新编普通高中思想政治教材的理念与特点 [J]. 课程·教材·教法，2020（1）：31–38.

[4] 艾四林 . 科学总结思政课建设长期形成的成功经验 [J]. 思想理论教育导刊，2019（5）：18–19.

Thoughts on the Construction of Curriculum of Morality and Rule of Law in the Context of Integrated Development of Primary, Secondary and Higher Ideological and Political Education

ZHANG Shangda

(Shanghai Teacher Training Center, Shanghai 200233, China)

Abstract: In the context of integrated development of primary, secondary and higher ideological and political education, the construction of the Curriculum of Ideological and Political Education (CIPE) in the phase of compulsory education, namely Curriculum of Morality and Rule of Law, has encountered many opportunities and challenges. With the increasing significance of Curriculum of Ideological and Political Education, the challenges include how to highlight its value, how to make it more oriented to the cultivation of key competences through the reform of means of assessment, how to promote effective learning through changes to the teaching and learning methods, and how to raise the teachers' professional competency. In the future, when the integrated development of primary, secondary and higher ideological and political education shall be furthered, it is essential to integrate all the resources to offer "Big CIPE" , to unite schools to form communities, and to build teams of highly-qualified teachers in order to develop Curriculum of Morality and Rule of Law continually.

Key words: Curriculum of Morality and Rule of Law, Integrated Development, Disciplinary Key Competences, Big CIPE

（责任编辑：杜金丹　谢娜）

精准培训　提质增效

——对“十四五”时期“国培计划”示范项目政策的认识

余　新

（北京教育学院　北京　100120）

［摘　要］ 精准培训、提质增效是我国“十四五”时期教师培训的重要理念。这在《关于实施中小学幼儿园教师国家级培训计划（2021—2025年）的通知》《“国培计划”示范项目指导方案》文件中得到充分体现。本文从七个方面解读该文件关于精准培训的要义，即培训对象精准，强化分层分类；培训主题精准，聚焦核心问题；培训目标精准，细化需求靶向；培训内容精准，凸显重点领域；培训方式精准，体现示范引领；培训成果精准，体现提质增效；培训机制精准，推进重点改革。

［关键词］ 国培计划　精准培训　提质增效　教师培训

“十四五”时期，我国教育进入高质量发展阶段。面对新形势、新任务、新要求，教师能力素质还不能完全适应，“国培计划”实施中还存在一些问题，迫切需要立足新阶段、贯彻新理念、聚焦高质量，对“国培计划”进行改革完善。2021年“两会”期间，习近平总书记强调，教师是教育工作的中坚力量，有高质量的教师，才会有高质量的教育，要加强中西部欠发达地区教师定向培养和精准培训。精准培训成为“十四五”时期“国培计划”的核心精神和重要理念。

为了贯彻落实党中央对教师队伍建设总体部署，使得“十四五”时期“国培计划”更加符合新时期高质量教育发展阶段对教师队伍建设的需要，教育部教师工作司于2019年启动“国培计划”十年总结工作，为新一轮“国培计划”的提质增效贡献智慧。2020年教育部教师工作司组织“全国中小学幼儿园教师培训专家工作组”成员研制起草“国培计划”的“十四五”规划，在全面总结“十三五”时期“国培计划”经验基础上，研究新时期教师精准培训的工作要求及其具体实施措施。在此基础上，2021年教育部、财政部正式发布《关于实施中小学幼儿园教师国家级培训计划（2021—2025年）的通知》（以下简称《通知》）及《“国培计划”示范项目指导方案》（以下简称《指导方案》）。

在《通知》中有两处强调要精准培训。一是在“国培计划”的目标任务上强调实行分层分类的精准培训，这意味着我们要从“培训谁”“为何培训”“培训什么”三个角度，重点通过项目

作者简介：余新，北京教育学院培训师研修中心教授，主要从事教师培训、教师学习与发展等研究。

设计与研发实现对象精准、主题精准和目标精准、内容精准。二是在"国培计划"的重点改革方面提出了完善高质量精准化的培训机制，这就要求我们切实解决精准培训三个重要问题，即"如何有效培训""如何评估培训效果""如何保障培训的高质量"，进一步做到方式精准、成果精准、机制精准。

本文就落实《通知》和《指导方案》政策要求、有效开展"国培计划"示范项目精准培训相关问题，从七方面谈谈个人学习成果与认识，供组织和承担"国培计划"示范项目工作的同仁参考。

一、培训对象精准，强化分层分类

分层分类是精准培训的先决条件，在《通知》中有六处提及分层分类。培训对象的精准关键在于分层。我们可以从三点认识培训对象精准问题。

一是要区分各级培训项目对培训对象的精准界定，这是构建国、省、市、县、校五级联动培训体系的基础。"国培计划"示范项目与"国培计划"中西部骨干项目培训对象要有明显区分度。前者旨在培育教育家型教师和校(园)长、专家型培训者和团队。后者重点面向中西部欠发达地区农村义务教育学校、幼儿园县级及以上骨干教师、校(园)长和培训者。地方教师培训对象则为省、市、县、校各级教育行政和培训机构根据地方培训资源条件和实际培训需要所确定的"国培计划"项目以外的教师群体，这些培训对象应该与"国培计划"项目培训对象有明显差异。

二是要明确"国培计划"示范项目中各子项目的培训对象范围。《指导方案》规定了五类子项目的培训对象，分别是培训团队、名师名校长、中小学幼儿园领导人、紧缺领域骨干教师、自主创新设计培训试点项目的相关对象，并对各类培训对象具体分类和条件特征进行了界定，此处不再赘述。

三是在实施中要精准招生、精准派送、精准遴选学员对象。虽然《指导方案》对五类培训对象有较明确的范围界定，但仍需要各级教育主管部门和承训单位严格把关对象资格审核，送培单位按需选派，否则，精准培训第一步就会偏航。

二、培训主题精准，聚焦核心问题

主题精准是保证培训针对性和实效性的基础。培训主题是对培训项目要解决的核心问题和主要内容的概括性描述，我们可以先从教育政策要求、学校教育实践问题、学员学习需求倾向等方面来研判示范项目培训主题的必要需求，再从培训团队对该培训主题的内容掌握程度和培训资源开发条件等角度去审视其培训条件与提供能力。为了精准选择和确定"国培计划"示范项目培训主题，建议从宏观、中观和微观不同要求层面聚焦培训主题。

从"国培计划"示范项目政策要求的宏观层面来看，"国培计划"宗旨是示范引领、雪中送炭、促进改革，因此，培训主题要体现出示范性、先导性、紧要性、推动性、创新性。

从"国培计划"示范项目定位的中观层面来看，《指导方案》明示了示范培训五个子项目的主题重点，例如，"培训团队高级研修"项目主要解决五类培训与管理团队的培训专业化能力问题，包括培训需求分析、培训项目设计、培训资源开发、培训组织实施与模式创新、培训管理与绩效考评等；"名师名校长领航工程"项目主题范围是培养教育家型名师名校长"教育领导力和辐射力"所需要解决的问题，包括拓展专业知识、塑造教学风格等；"紧缺领域骨干教师示范培训"要突出骨干带头和示范引领问题，为各地开展相关培训提供系统解决方案；"教师培训综合改革"则强调自主创新设计培训试点项目，从培训项目实际需要出发，选择"培训课标试点培训""创新信息技术与教师培训融合应用模式""教师专业发展支持服务体系和协作机制""教师自主选学等培训模式探索"等重点培训主题。

从承训单位培训主题精准设计的微观层面来看，既要考虑宏观政策要求和所属项目规定，又要从教育实践需求出发，还要考虑培训团队自身培训能力和资源条件。培训团队对所选择的主题要开展专业研究，成为该主题领域的行家里手，以便在培训项目整体设计和实施过程中使得培训主题具有针对性、实用性、科学性、前沿性、可操作性等特征。

三、培训目标精准，细化需求靶向

如果说精准的培训主题明确了培训要解决的核心问题及其范围领域，那么，精准的培训目标就是该问题领域中具体可见的行动航标。要做到"国培计划"示范项目的目标精准，需要解决三个问题。

一是要理解培训项目领域整体目标、项目目标、课程目标、教学目标和学习目标等概念的内涵及差异。整体目标体现的是"国培计划"示范项目的总体培训任务与宗旨，是项目目标的总体方向，是宏观上的、较抽象的培训目标。项目目标则是对培训目的与任务的进一步具体化描述。例如，在《指导方案》中，"培训管理者团队研修"的培训目的是提升国培管理团队的培训示范能力，为各地创新实施国培项目打造专业化培训管理团队。如果把该培训目的体现在一个以"培训模式创新"为主题的示范培训项目目标上，那么，我们可以描述为"学员能够了解培训模式的含义和构建要素，体验到培训模式创新的情境，在培训后能设计或优化出一份用于中西部国培项目培训模式创新的行动计划"。至于"课程目标""教学目标""学习目标"等概念，则需要在培训设计和实施中使其更加具体，具有可操作性，这是课程与教学理论的研究话题，在此不再赘述。

二是要掌握目标精准的表达方式。在阐述培训目标时，通常采用"ABCD"格式，即行为主体（Audience）在什么样的环境下（Condition）做出什么样的行为（Behavior）可以达到什么样的水平（Degree），例如，"在培训结束后，学员（行为主体）能通过10天的参与式研修活动，学会使用6组教师培训管理工具（执行行为），能结合本单位工作情况（执行条件）制订一份改进教师培训管理工作的行动计划，并将其运用于中西部地区教师培训项目的设计、开发、实施和管理活动（执行标准）。"[1]

三是要理解目标精准的检测标准。精准的目标描述应符合"SMART"原则，具有五个特征。（1）Specific，即具体的。用动词描述培训对象行为变化情况，通过清晰、精练和准确的文字表述出来。（2）Measurable，即可评估的。培训目标与培训预期成果要一致，预测出何时产出何种成果，尽可能用数字明确地表述出来。（3）Achievable，即可实现的。目标易于实现，能够使得培训者和被培训者在培训过程中清楚地体会到整个培训活动在按照计划稳步前行和逐步达成。（4）Realistic，即符合实际的。培训目标与学员的生活经验和认知背景相符，并与其个人兴趣、专业发展、岗位工作等利益紧密相关，能够激发培训者学习内驱力，使其愿意为此奋斗。这类目标容易在实践中实现。（5）Time-bound，即限定时间的。培训目标体现出在特定时间或阶段要达成的培训与学习效果。[2]

四、培训内容精准，凸显重点领域

"内容为王"观点在教师培训领域中逐渐得到认同。培训内容的精准性直接关系到培训目标实现和培训效果达成。培训既要体现出最重要、最有价值的内容，又要明确培训内容之间的逻辑关系和设计安排问题。具体来说，需要注意四点。

一是内容精准体现出培训内容的重点指向，即符合当前高质量教育发展阶段对教师队伍建设的总体要求。《意见》明确提出"国培计划"示范项目的两项重点内容：（1）突出教师核心素养培育，围绕落实立德树人根本任务，统筹思想政治、师德师风、业务能力培训，把思想政治和师德师风作为必修内容；（2）强化培训内容标准引领，包括教师培训课程标准引导下的培训内容，以及义务教育新课标和新时期教育改革发展的重要内容。

二是内容精准体现出培训内容的弹性设计，即符合培训对象实际需求和成人学习者的心理逻辑，与具体主题和目标有内在逻辑性。《指导方案》虽然没有罗列“国培计划”示范项目的具体培训内容范围，但是，我们可以根据各子项目的培训对象、主题和目标等要素设计适宜的培训内容。

三是“国培计划”示范项目的培训内容对中西部国培、省级培训等项目发挥示范引领作用。无论是培训者团队，还是名师和紧缺领域骨干教师，他们作为成人学习者都容易在内容情境中通过体验、观察、模仿等方式学习与反思，因此，“国培计划”示范项目培训内容本身的精准性也能体现出示范性。

四是承训单位在培训实践中做到内容精准。承训单位需要提前开发出优质的培训课程和教学资源，避免培训中临时抱佛脚，东拼西凑，导致培训内容设计缺少科学性和专业性。

五、培训方式精准，体现示范引领

精准的培训目标和培训内容需要精准的培训方式相匹配。《通知》中强调“示范项目要重点加强方向方法引领”，这里的方法引领从广义上包括培训模式、培训方式、培训形式和具体培训方法的示范引领。为此，建议从以下角度认识培训方式精准问题。

一是要搞清楚与培训方式相近的几个概念，如培训方法、培训形式、培训模式。通常，培训方式是指我们在实施培训项目中所采取的方法和形式，可从不同角度对其进行分类，例如，从时间安排上分为集中式和间断式；从学习方式上分为线上、线下和混合式；从学习资源上分为内部培训和外部培训。其中，培训方法比较具体，是指在培训实施活动中所采取的手段、程序、具体形式，如讲授法、演示法、研讨法、视听法、角色扮演法、案例研究法、模拟法、游戏法等。培训形式与培训方式比较接近，按照现代汉语词典解释，形式是指事物的形状、结构等，隐含有形的、外在表面化的意思；方式是指说话做事所采取的方法和形式，隐含方法、做法的意思，形式与方式有时可通用。因此，集中式、混合式、内外部等概念通常既被当作培训形式，又被当作培训方式。培训模式是一个更加系统的结构化概念，可以理解为培训方式、培训形式、培训方法的组合形态，如“大学、区域和学校合作的U-D-S培训模式”“递进式的行动学习模式”“网络研修与校本培训结合的整校改进模式”。

二是要认真研读和理解《指导方案》中提及的示范项目培训方式。《指导方案》列举了“国培计划”示范项目相关子项目的培训方式（见表1），可以从三个角度理解：（1）从培训周期上看，既有短期的，又有长期的；（2）从学习形式上看，既有单一的线下集中式，又有线上、线下相结合的混合式；（3）从项目名称定位上看有三类培训形式，①以指导、训练和教授为主要形式特征的培训类项目，②以研讨、自修和引导为主要形式特征的研修类项目，③以培育、养成和连续支持为形式特征的培养类项目。另外，“教师培训综合改革”项目的培训方式不限，《指导方案》提出由承训单位自主创新设计的意见。

三是要在培训方案中创新设计培训方式。虽然《指导方案》中对各示范项目的培训方式有所指向，但是具体到某个培训项目方案中还需要承训团队因材施教、创新设计、优化组合。从培训方式外部来看，培训方式的优化组合体现出要与培训对象特征、培训目标和结果指向、培训主题和内容要求、培训资源条件等要素精准匹配，通过培训方案系统设计选择合理的培训方式，避免逻辑混乱。以“培训课程开发团队研修”项目为例，其培训对象是拟承担“国培计划”任务的培训课程研发团队和培训业务骨干，培训目标任务为“集中开发国培项目示范性与创新性的通识类培训课程”“提升国培课程研发团队的课程

表1 “国培计划”示范项目的培训方式比较

示范项目名称	培训方式描述	定位	周期	形式
1-1. 培训管理者团队研修	专项培训	研修类	短期	未指定
1-2. 培训课程开发团队研修	周期性、递进式研修	研修类	长期	未指定
1-3. 师德培训团队研修	自主选学、集中培训、网络研修	研修类	未指定	混合式
1-4. 信息技术培训团队研修	集中面授与网络研修相结合	研修类	短期	混合式
1-5. 自主选学市县管理团队研修	范例剖析、集中研讨、个别诊断	研修类	未指定	未指定
2. 名师名校长领航工程	跨年度、分阶段的连续培养	培养类	长期	未指定
3-1. 中小学党组织书记示范培训	专项培训	培训类	短期	未指定
3-2. 骨干校(园)长高级研修班	跨年度、分阶段的连续培养	培养类	长期	未指定
4. 紧缺领域骨干教师示范培训	线上与线下混合式培训	培训类	短期	混合式
5. 教师培训综合改革	自主创新设计	不限	不限	不限

设计开发、创新实施能力，为各地创新实施国培项目打造专业化的培训课程开发团队”。这需要采用“周期性、递进式研修”的行动学习方式，不宜进行“短期集中培训”。从培训方式自身来看，多种培训方式之间要扬长避短、优化组合。例如，“自主选学市县管理团队研修”项目需要把范例剖析、集中研讨、个别诊断等方式结合起来。其中，范例剖析适合在培训启动时期激发学习兴趣，促进学习者“近迁移”；集中研讨的优势是通过参与性工作坊集中解决关键问题和组织系统化理论学习，以及把研修活动引向深入阶段；个别诊断有助于通过针对性案例成果指导来促进训后转化应用。这三种方式的应用时长、先后顺序和交互间隔，以及是否需要其他方式的补充等，都是创新设计培训方式的关注重点。

四是在培训实施中做到培训方式的实践创新。在培训方式的实践创新方面要解决好继承与发展问题。在“国培计划”示范项目的实践探索过程中，培训方式的改革与创新问题始终受到政策制定者、培训实施者和理论研究者等多方关注，一些行之有效的培训方式被广泛采用，包括“短期集中式培训”“跨年度、递进式培训”“线上线下混合式培训”“参与式工作坊”“跟岗指导”等。进入“十四五”时期，我们在不断优化完善这些培训方式的同时要特别关注和探索更多有效的新的培训方式，注重《指导方案》提出的“自主选学”“区域协同发展”“新技术在教育中的融合应用”等方式的实践尝试、实验研究与改进。

六、培训成果精准，体现提质增效

培训成果及其质量是衡量培训有效性的关键指标，特别是在“十四五”时期，“全面推进教师培训提质增效”成为“国培计划”示范项目的重要目标任务，因此，成果精准成为精准培训的重中之重。可以从三方面理解成果精准问题。

一是精心设计培训预期成果。培训成果可以是学员学习中生成的收获，如研修作品设计、研修论文论著、精品课例、学习成果迁移的行动计划，也可以是培训团队自身的培训工作成果，如开发的培训课程与教学资源、与培训项目紧密相关的论著、项目绩效分析报告。《指导方案》对部分子项目的预期成果名称、主题和特征都有所明示，但对于承训单位来说，还需要精心设计出成果模板和质量标准，以便把“结果导向”

理念转化为可操作的应用工具，为成果产出做好充分准备。

二是精细培育培训成果。培训成果产出包括即期产出、中间产出和最终产出。即期产出是指学员在培训现场知识技能的短期收获，体现出学员对培训内容的实际理解和掌握程度。中间产出是指学员在培训期间生成的研修成果，体现出学员对培训内容的学习转化和实践尝试。最终产出是指学员在培训结束时或培训结束一段时间后在实践中应用中期产出成果的最终成果。“国培计划”示范项目的各子项目培训周期不同，其培训目标定位也存在差异，因此，在即期产出、中间产出和最终产出上，要全程精细耕耘，以终为始，使得培训成果逐级产出，确保学习者学有所获、学有所用、学有所成。

三是精确测评培训成果。精确测评培训成果是对“提质增效”目标任务达成程度的反馈验证。《通知》强调，“十四五”时期“国培计划”示范项目的重点工作之一是“完善过程管理，健全全方位的监管评价机制”。一方面要强化培训实施的监管评价。通过大数据评估、参训学员网络匿名评估、专家抽查评估和第三方评估等对项目实施过程及成效进行监管评估。另一方面要完善参训教师综合评价。推动教师培训信息化管理系统的功能优化，对教师学习过程和效果进行综合评价，适时提供反馈和跟踪指导。“国培计划”示范项目要在内部自评基础上不断打磨完善一些可视化、可推广、有价值、有影响的培训成果，积极主动迎接外部评估。虽然培训成果测评包括外部评估和内部自评两种方式，但是，项目负责人及其团队应该从专业自主和专业发展理念出发充分重视内部自评。

七、培训机制精准，推进重点改革

培训机制是为联系和协调培训内部各要素而发挥作用的运行方式。发挥培训机制的精准作用，既是“国培计划”示范项目提质增效的重要保障，也是培训改革的重点任务。《通知》提出推进重点改革，完善高质量精准化的培训机制。这涉及培训机制改革和完善的诸多内容，包括教师自主发展机制、机构协同发展机制、人工智能支持的教师终身学习与持续发展机制、培训质量和效果的监管评价机制、五级培训体系统筹的工作机制、培训经费使用和监管的保障机制等。

“国培计划”示范项目在推进培训机制改革工作方面需要针对培训机制改革内容先行先导，为此，建议承训院校（机构）做好以下工作：（1）把培训机制改革的重点内容作为研修主题，在“培训团队高级研修”和“教师培训综合改革”两类项目中举办高级研修班，在深入研究基础上开发相关培训课程和培训教学资源，对全国教师培训机制改革发挥引领示范作用；（2）在举办示范项目过程中，践行培训机制改革和创新，“在游泳中学习游泳”，探索和创建相关示范项目的创新机制，并提炼出可推广、可复制的经验案例；（3）集结专家团队开展集体攻关，针对不同方面的机制改革和完善问题，开展实践调研和理论研究工作。

“国培计划”示范项目由教育部、财政部于2010年全面实施以来，取得了显著成就，积累了很多具有中国教育特色的重要培训经验。联合国教科文组织教师教育中心于2020年针对“国培计划”示范项目十年实施状况开展了第三方评估研究，并发布《“国培计划”蓝皮书（2010—2019）》，给予其高度评价。然而，进入“十四五”时期，面对高素质专业化创新性教师队伍建设的新要求、新任务，“国培计划”示范项目依然存在不少问题：对地方的带动作用不够，部分省份过分依赖“国培计划”，本级政府投入不足；教师参训的主动性不强，工学矛盾突出，培训项目设置、培训内容安排、学员选派的精准性不足，影响教师参训动力；地方教师发展体系薄弱，县级作用发挥不够；优质培训资源供给不足，资源发挥的效益、受益面有限。[3] 为此，在“十四五”期间希冀与全国教师培训同仁以“精准培训、提质增效”核心理念为指导，共勉奋进，共同做好“国培计划”示范项目，一方面进一步与国家基础教育改革政策和一线教师实践工作需求无缝对接；另一方面为地方培训体系建设和优质培训资源供给作出更多、更大贡献。

参考文献：

[1] 余新 . 教师培训师专业修炼 [M]. 北京：教育科学出版社，2012：124–125.

[2] 李宇庆 .SMART 原则及其与绩效管理关系研究 [J]. 商场现代化，2007（19）：148–149.

[3] 教育部教师工作司 , 宋长远 , 王薇 , 宋磊 . 立足新阶段　贯彻新理念　加快构建高质量教师发展体系 [J]. 教师发展研究，2021（2）：4.

Targeted Training Deliver, Improving Quality and Efficiency: Understanding of the Policy of the Demonstration Project Attached to the National Teacher Training Plan During the 14th Five-Year Plan Period

YU Xin

(Beijing Institute of Education, Beijing 100120, China)

Abstract: "Targeted Training Deliver " and "Improving Quality and Efficiency" are important concepts of teacher training during the 14th Five-year Plan period. This is strongly reflected in the *Notification on the Implementation of the National Training Plan for Primary, Secondary and Kindergarten Teachers (2021—2025)* and the *Guidance Plan for the Demonstration Project of the National Training Plan*. This paper interprets the essence of " Targeted Training Deliver " in the documents from seven aspects: precisely selecting trainers and identifying their types and levels, determining training topics and focusing on core issues, targeting training goals and refining training needs, designing accurate training contents and highlighting the key areas, choosing appropriate training methods and reflecting the demonstration and guidance, setting up the precise training mechanism and carrying out key reforms.

Key words: National Teacher Training Plan, Targeted Training Deliver, Improving Quality and Efficiency, Teacher Training

（责任编辑：杜金丹　周如玥）

基于推拉理论的乡村教师职住分离探析

黄得昊[1]　孔　苏[2]
（1. 上海市师资培训中心　上海　200233；
2. 华东师范大学教育学部　上海　200062）

［摘　要］ 城镇化进程中，乡村教师职住从一体到分离，工作与生活两地化成为一种新的职业样态，带给乡村教师一定的困境。本文剖析了乡村教师职住分离的形成与变迁情况，并对其原因与特征进行了分析。乡村的推力与城市的拉力是影响教师职住分离的重要作用力，乡村教师职住边界发生重塑。研究认为改善教师职住关系可从增强专业身份认同、提升福利水平、完善社区建设三个方面展开。

［关键词］ 乡村教师　职住分离　推拉理论　个案研究

一、问题提出

2021年中央一号文件提出全面推进乡村振兴，强调统筹配置城乡师资，并向乡村倾斜，建好建强乡村教师队伍。乡村教师问题已经成为制约农村教育发展的根本问题。[1] 随着城镇化的推进，乡村教师的生活空间伴随社会经济发展发生迁移，教师工作与生活两地化成为一种新的职业样态。[2] 乡村经济文化条件和学校单位制度逐渐消解的惯性等因素，使乡村教师在职住决策上，既区别于城市居民又不同于普通的农村家庭，表现出居住地在城区、工作地在农村的空间形态，呈现出通勤距离和时间增加的职住分离（home-work separation）现象。教育研究者对乡村教师职住空间关系的研究，一般被当作学校布局调整的结果[3]、提升教师待遇[4]或教师流失问题的因素[5]进行分析，并较多关注新生代教师[6]，较少对乡村教师职住关系形成原因及其影响机制进行分析。研究改善乡村教师职住关系，理解教师职住选择的内在行动逻辑，认识乡村教师的独特生境，有助于我们思考如何让乡村教师“下得去”“留得住”“教得好”，从而促进乡村教育的可持续发展。

传统的职住分离研究主要围绕制度转型与空间重构背景下城市居民的居住与就业空间

基金项目： 本文是2018年度山东省社会科学规划项目“山东省乡村青年教师激励机制优化及其影响效应模型的实证研究”（项目编号：18CZKJ43）的阶段性成果。

作者简介： 黄得昊，上海市师资培训中心助理研究员，博士，主要从事教师教育、教育人类学研究。
孔苏，华东师范大学教育学部博士研究生，主要从事教育戏剧、教师教育研究。

关系，视角集中于在城市工作的群体，关注宏观职住平衡关系、城市空间规划[7]，对微观个体的主体行为经验以及多样化群体的差异性研究较少[8]。目前，对乡村教师职住分离的分析尚缺少深入的理论探索。我国研究者常借助人口迁移理论中的推拉理论（Push-Pull Theory）作为城乡劳动力迁移研究的理论框架，该理论最早于19世纪末由英国社会学家莱文斯坦（Ravenstein）提出，他认为人的迁移主要是为了改善自己的经济状况。而后不断有学者进行修正和补充，埃弗雷特·李（E. S. Lee）将与人口流动相关的影响因素分为四类，即拉力、推力、中间障碍因素和个人因素，尤其考虑到联结迁入地和迁出地的社会机制的推拉作用，也兼顾了流动人口的主体能动性。[9] 国内研究者以推拉理论来解释农民工的迁移流动，同时也基于实际情况对理论模型进行拓展和增能。[10] 有研究者注意到该理论可用于解释教师流动，将流动看作"推力"和"拉力"、"反推力"和"反拉力"综合作用的结果。[11]

推拉理论对人口迁移的解释也关注到个体的行为选择。其对流入地与流出地的推拉作用力，以及中间障碍因素的分析，与乡村教师的职住选择与迁移期望一致性较高，有助于我们理解教师的职住行为。乡村教师分离的职住选择本身就充满了诸多"推力"和"拉力"的因素，区别于人口的单向迁移，乡村教师工作与生活两地化的选择可以理解为来自城市"推拉"和农村"推拉"作用相互博弈和平衡的结果。本文将以推拉理论为基础对研究个案进行深入分析。

二、研究方法与案例介绍

（一）研究方法

已有对乡村教师的研究主要以量化研究为主，基于大样本的问卷调查，偏向呈现宏观图景，有助于整体把握研究问题，但对问题发生的过程与影响机制缺乏深入分析。案例研究通过对具有典型意义的个案进行研究，可形成对某类现象较为深入、详细的认识。本案例作为解释性个案，探讨乡村教师职住选择行为的过程和机理问题。研究者于2017年3月开始在柳镇中学进行田野调查，两年内通过问卷、访谈、档案查阅、现场观察等多种方式分析教师群体职住分离的原因。

（二）田野点介绍

柳镇中学是鲁西平原地区一个农村初中，位于柳镇驻地。柳镇是传统的农业型乡镇，总面积119.56平方公里，东西宽14公里，南北长30公里，辖85个行政村，常住人口61870人（2017年）。2017年，该县农村居民人均可支配收入12304元。柳镇距离地区中心城市L市35公里，城乡公交60分钟可到，在L市下辖的7个县市中属于距离市区较近的县；距离所在D县城区20公里，城乡公交40分钟可到。

柳镇中学现有103名教师，其中女教师45位，男教师58位，平均月工资4600元，退休教师月退休金6000元左右，新教师月工资在2500元左右，在当地属于中上收入水平。95位教师来自本县，有8位来自与D县相邻的几个县；有5位教师来自县城，其余均为农村家庭；49位教师是柳镇本地人，在地缘结构上有较明显的本土化现象。

（三）职住分离的发展历程及其特征

柳镇中学始建于1987年，建校初只有一栋教学楼，教师全部来自柳村及附近村镇，都是本乡本土人，居住在村庄里的家中，住所以自建房为主，往返以步行和自行车为主。20世纪90年代初，这批年轻教师从中等师范学校或师范专科学校毕业后被分配进入柳镇中学，择偶对象一般为同行或本地农民，平时"以校为家"或是"家在乡村"。还有一部分教师是农村民办教师，住在村中，平时在学校工作的同时还需进行农业生产。学校刚开始并无专为教师建造的住房，离家较远的教师晚上住在办公室，每逢周末回家。随着"两基"的普及，教师与学生人数不断增多，教师住房需求也不断增加。学校先是将办公室改造为教师住房，新入职教师两人一间作为宿舍，已婚教师可以分配到一间半住房，其中一间住人，另外半间作为厨房，总面积 25m^2 左右，学校会收取少量押金。

1996 年，D 县城区第一个商品房小区建成，每套 6 万元（750 元 /m^2），而当时的乡村教师月收入不足 200 元，无人考虑在城区购房。2001 年，柳镇中学以教职工出资 70%、学校经费结余 30% 的方式，建设了 32 户单元楼，建造标准参考县城商品房，每套 4.5 万元，但教师仍然感到十分困难，当时乡村教师月工资 400 元左右，购买均要依靠亲戚朋友的借款。此后学校又陆续修建 8 套配有卫生间、厨房的住房，每套住房 1 万元。住房分配主要依据教龄长短而定，两次建房较好地解决了在校教师的居住问题，还有一部分教师则在村子里有自建房。柳镇中学教师因学校自主供暖、免费水电，体验到与城市商品房一致的生活水平，令当地村民羡慕不已。

2006 年后，随着国家住房制度改革的不断深入，单位自建住房（包括学校集资建房）全部停止。国家实施义务教育经费保障机制后，学校停止了对教师住房的经费投入。[12] 乡村教师住房改造基本处于停滞状态。柳镇中学没有新建教师住房，教师住房支持维护不再被纳入学校管理投入中。2008 年，柳镇中学校园重新规划，穿插在教学楼中的教师住房被全部拆除，家属区与校园分隔开，学校不再负责家属区楼房的管理维护，2009 年起停止供暖。部分学生宿舍楼被改造为教师周转宿舍，已婚教师一户一室，未婚教师两人一室，教师大都仅用于临时休息。

2007 年，柳镇中学开始有教师在县城购买商品房。2011 年，县城房产公司面向全县教育系统教职工组织了一场特惠购房活动，柳镇中学教师参与购买了 6 套住房。截至 2019 年，柳镇中学年长一代的教师都在市区或县城购入住房，其中 2 户经济状况稍差的教师将学校单元房售出后，购买了本地于 2016 年修建的“小产权房”。随着新农村建设的不断推进，曾经柳镇最好的单元楼逐渐被各村修建的“新农村”小区所取代，部分教师选择出售给当地农民，实际在学校家属楼长住的教师仅有 4 户。伴随着私家车的兴起，常住地在柳镇的教师只有 7 位，其余教师均在县城小区居住。2013 年起，柳镇所在县教育局组织的教师招聘考试不再有户籍限制，到 2019 年，柳镇中学累计录用 10 位来自附近县市的新教师，有 7 位通过报考户籍地事业编制陆续离开。新教师一般会在父母的资助下在县城贷款购房，家庭经济状况较差的教师则会在学校提供的周转宿舍暂住。

截至 2019 年 12 月，柳镇中学有 34 位教师（24 户）拥有学校自建的单元房，在城区购房的有 90 位；近 75 位日常居住在县城，19 位工作日住在学校家属楼，7 位长期住在柳镇驻地的家中，有 2 位新入职教师在学校提供的周转宿舍居住，其他 6 位教师则与城区父母居住。距离学校 1.2 公里之外的柳镇小学教师也有 43 位教师（共 51 人）在县城居住。职住分离的情况在该县乡村教师群体中较为普遍。2015 年，县教育局为方便各村镇中小学教师上下班开通了南北两个方向的班车，每天定时运送沿线学校教师，每人每月收费 200 元。柳镇中学处在南线中段，路程时长约 50 分钟，也有教师乘私家车上下班，单程花费时间在半小时左右。

表 1　柳镇中学教师购房所在地统计表

购房所在地	人数	占比
未购房	8	7.77%
村	1	0.97%
镇	4	3.88%
镇 + 县	69	67.00%
镇 + 市	6	5.82%
县	15	14.56%
总计	103	100%

表2 柳镇中学教师居住情况统计表

居住所在地	人数	占比
学校宿舍	2	1.94%
村	0	0
镇	7	6.80%
镇 / 县	19	18.44%
县	75	72.82%
市	0	0
总计	103	100%

三、案例分析与研究发现

（一）教在乡村里：留下还是离开

1. 乡村的推力

乡村的推力是作用于乡村教师向县城流动的外推力量，也是促成乡村教师职住分离最显性的力量之一。教师到县城居住，既受到县城的有利因素吸引，也受到乡村的不利因素推动。乡村的推力主要包括以下几个方面。

第一，住房机会的缩减。首先，住房供给的制度性减少。随着住房制度市场化改革的不断推进，住房分配的货币化与工资化，[13]学校已不再直接分配实物住房，而是以货币形式为教师发放住房福利。其次，居住条件较差。对于年长一代教师来说，职住一体时代集资购入的校内住房由于缺少原本依赖学校负责的管理和维护，房屋质量及水电暖都难以得到保障；新生代教师所享有的周转房也无法满足长期居住条件。“房子是以前学生宿舍改造的，两个人一间，卫生间是一层一个，很不方便。只能中午去休息休息，在这里安家，不可能。”（H-M-20190528）最后，农村地区住房商品化程度较低，无法满足教师的购房或租房需求。柳镇新建住宅均以新农村社区建设为主，全镇仅有一处建于2015年对外出售的商品房小区，价格约为县城商品房价格的一半，除2套为柳镇中学教师购入外，其他均由本地村民购买。

第二，婚姻交换观念、诸如传统关系或村落制度的地方性知识，以及当地生存的“面子”符号等非经济“意义”的因素是推动教师在县城购入房产重要因素。城镇化相关研究显示，农民家庭会选择为青年子代在中小城市购房。[14]2007年以来，D县逐渐兴起婚房进城，该县农村父母都把儿女婚房买在县城，经济状况优越的会选择在房价更高的L市购房。根据县城一房产公司2019全年销售数据，所售452套商品房中，约75%的购房者是来自D县各乡镇的农村家庭，大部分家庭的购房原因是为适婚年龄的儿子结婚做准备。教师也会将村民作为参照群体进行比较[15]，“现在不能在县城买房像是耻辱一样，在外打工的都买了，当老师的还能不买吗？”（GL-W-20191217）择偶观念上，柳镇中学青年教师多选择有正式工作的单位职工，也出现了较多工作地分属城乡的配偶或恋人。年轻教师中有条件者都会通过父母购房或资助首付的形式在县城贷款购房。

第三，学校同事、同辈群体构成的参照群体是乡村教师到县城购房的重要推力。选房、购房是柳镇中学教师常聊的话题，县城、市区的房产市场被教师们持续关注。学校教师集中在县城几个小区购房，相互间的熟人网络也在小区选择上得以体现。

2. 乡村的拉力

乡村的拉力对职住分离的乡村教师而言是促使其继续留下工作，造成职住分离的生活状态。追求自我发展和更多的经济利益是影响人们行为决策以及人口流动的主要动力和依据，稳定的经济收入是乡村教师仍然教在乡村的重要拉力。由于工作机会的限制，教师很难在教育以外的行业谋求工作，尽管教师有离职意向，但往往会留在学校任教。[16]随着《乡村教师支持计划（2015—2020年）》等政策的出台，待遇的提升也在一定程度上增强了乡村学校的黏滞力量。长期的工作惯性和学校认同感是高教龄教师留在乡村学校工作的部分原因，而对于年轻教师来说，乡村教育工作的挑战性较弱也是构成拉力的一部分原因。

（二）住到城里去：未竟的迁移

1. 城市的拉力

城市的拉力是吸引乡村教师从乡村到县城定居的重要力量。大多数乡村教师选择职住分离其实并非被动无奈之举，而是受到县城拉力的吸引。人口流动的强烈拉力比强力的推力更容易刺激人口的迁移。[17]

相较于乡村地区来说，城市的拉力主要包括以下几个方面。

第一，较丰富的住房选择。这是与乡村地区相反的因素，县城的住房市场化程度较为成熟，为居民提供了较多的住房选择。基于教师、公务员等群体收入的稳定性，房地产公司会推出专门针对教师群体低息贷款等方式刺激购房需求。教师群体中也因个体不同的需求和经济状况出现了购房的差异化。在考虑为子代购房的同时，年长一代教师逐渐追求更好的居住环境。有余力的教师则通过置换的形式，购买了县城中面积较大、物业服务好、均价超出 1000 元 /m^2 的“改善型”商品住房。

第二，优质的教育资源。城乡义务教育资源的发展不均衡，城市地区优质教育资源相对集中。说起在县城买房的初衷，每一位教师都会提到自己对子女教育的未来规划。匮乏的教育资源一直是乡村地区人口迁移的重要原因，教育是人力资本积累的重要途径之一。北京市人口所的研究报告表明，城市超过两成的外来人口，其迁移原因是为了享受更好的教育资源。[18] 实现离土、离农的乡村教师更为注重人力资本的积累，也因此更加注重子女的教育。在柳镇中学，陪子女到县城读高中是大部分年长一代教师移居县城的开始。新生代乡村教师的子女从幼儿园开始便在县城就读，由配偶或祖辈接送。2016 年起，D 县颁发关于中小学招生工作意见，要求“公办义务教育学校要严格按学区、片区招生，不得跨学区、片区招生”“根据房产证明确定学生具体居住位置”，这也成为不少乡村教师在县城购房的动力。

第三，更好的公共服务。县城有更好的基础设施和公共服务，城市化的生活体验、社交活动吸引着乡村教师。新生代乡村教师的特征之一是城市化，“进城安家”也是其城市化生活方式的主要表征。[19] 对于 80 后、90 后的青年教师来说，所受学校教育使他们更习惯于城市的生活方式，乡村生活空间相对封闭，不能满足人际社交的需求，县城则较好地满足了城市化的生活需求。对年长一代教师来说，迁居意味着丰富的闲暇活动以及退休后的保障。“晚饭后，我跟我对象就往广场走走，走一大圈回到家就睡觉了。咱学校里有不少老师到广场上跟人家学太极拳、太极剑，有几个老师现在还跟着人家学跳交际舞，也有愿意去跟着练练字、学书法的……咱这里（柳镇）没这环境，就前两年在市场旁边有两起跳广场舞的，跳得都不好，后来就拉倒了。”“现在（身体）有个毛病，一般都不在镇上（医院）看，都去城里。到以后年龄大了，有点什么问题还是在城里住方便。”（Z-M-20190607）在城乡公共资源存在较大差异的背景下，乡村教师对优质生活环境的追求也不断加强。

2. 城市的推力

城市的推力使乡村教师尽管在县城生活，但并没有完全迁移，依然留在乡村学校工作。第一，城区无法提供与教师职业相匹配的工作机会。第二，城区的住房成本相对较高。随着城镇化的推进，中小城市的房地产市场发展较快。2019 年，D 县商品房价格在 4000~6000 元 /m^2，家庭购房支出一般为 10~50 万元。对于月薪不足 3000 元的年轻教师来说，在县城定居门槛较高。年轻教师为了买房花掉父母积蓄，也因此承担着不小的房贷压力。对比年轻教师，年长一代教师尽管有学校内住房，但经济状况较差者因为没有足够的积蓄，选择在镇上购买实现换房目的。第三，城区学校的工作强度和竞争压力，构成了与乡村学校相比较高的挑战和教学压力，这也是部分高教龄教师不愿意改变环境来到城区工作的原因。

（三）互动与平衡：突破中间障碍

乡村教师的职住分离受到城乡拉力与推力四种力量的共同作用。一方面，乡村学校里有着难以舍弃的工作机会；另一方面，城市里的公共资源和居住环境让他们更为期待城市生活。但作用结果并非体现为合力，力量的关系和权重也在不断改变，推拉合力能否促使教师真正实现职住分离，还要看城乡推拉合力能否突破乡村教师职住分离的中间障碍。

1. 预期的工作机会

工作机会位置以及未来工作机会的预期位置是影响推拉力的重要因素。未来工作的预期位置，影响教师居住的跨期决策。[20] 新生代教师的离职意愿较强，他们购买县城住房也在一定程度上表达了向上流动的期待，因此往往会参加县市教师、公务员等招聘考试等，但由于机会较少，这在一定程度上也造成了乡村教师队伍的不稳定性。D 县自 2017 年起已全面推进“县管校聘”制度，教师从“学校人”成为“系统人”，打破了城乡身份区隔。县域内教师流动的可能性，提升了乡村教师定居城市的可能，也改变了乡村教师对未来工作地与居住地的认知和决策。

2. 再塑的职住边界

居住环境不仅是物理意义上的空间，还包括社会空间。[21] 乡村教师的职住关系的改变也影响着教师对日常生活和工作的组织。现代义务教育管理体制的建立，使乡村教育与乡村社会不再形成直接的联结关系，而是形成了乡村教育、现代国家政府、乡村社会三者之间的互动关系。教师在这一体制中以完成纵向管理所给予的教学任务为主要目的，形成了一种对上负责的关系，进而取代了其作为乡村社区成员与本地发展的联结。[22] 当乡村教育作为一种国家利益而非乡村社区的公共利益时，“以校为家”“以村为家”的乡村教师走出乡村中的学校，其生活与工作边界得以再造。

3. 降低的通勤成本

现代化的区域交通带来了交通可达性的提高，现代通信技术的发展更是降低了人们对跨区域心理距离的认知。近年来，当地村民和教师购车增多，与市区、县城的联系日趋紧密，交通的发展使乡村教师可以顺利转出，也使县城和乡镇的距离“相对”更近。私家车与公共交通的便利性提升降低了教师职住分离的通勤成本。

随着城乡一体化建设的不断推进，教师职住选择中对于工作机会、城乡关系和通勤问题的认知在不断转变，传统的中间障碍尤其对年轻教师来说愈发弱化，城乡的推拉合力更多指向城市学校和居住生活。对于柳镇中学的教师来说，除了少部分高教龄教师在本村镇居住外，大部分教师选择了职住分离的生活方式。

四、总结与讨论

乡村教师身处城镇化进程之中，作为个体主观上选择、交换和权衡的结果，职住分离是一种现实可行的选择，这一状态可以理解为一种介于“逃离”与“坚守”乡村之间的“中间地带”。从根本上解决职住分离所造成的问题，改善乡村教师职住关系，需要理解其真实处境，体验其生存状态，提高其职业吸引力。

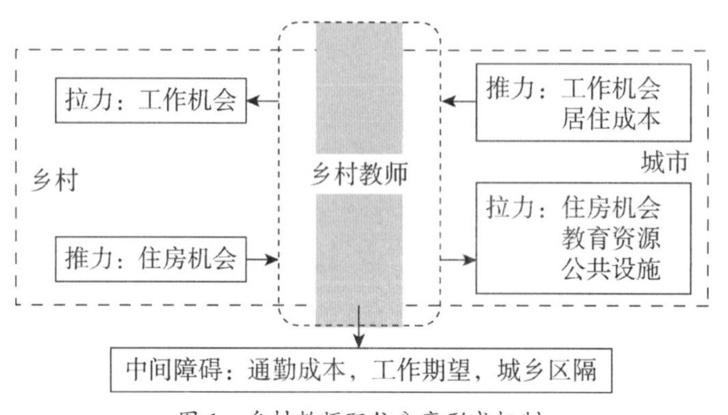

图 1 乡村教师职住分离形成机制

本研究基于乡村教师职住分离的推拉力与中间障碍的分析，提出以下建议，希望为乡村教师激励机制和支持计划的改进有所增益。

（一）基于教师专业身份认同，推进教师队伍建设

教师专业化身份的增强，有利于打破城乡教师的区隔，实现教师在身份认同上的自主。[23] 2021年中央一号文件提出推进县域内义务教育学校校长教师交流轮岗，支持建设城乡学校共同体。推进专业化教师队伍建设，完善县管校聘制度。通过加强县域教师流动统筹调配，推进一体化分配城乡教育资源，改善城乡师资队伍结构。在编制流动上，给予政策、制度、社会保障的支持。基于专业身份重塑教师群体中心与边缘的认同，增强教师城乡间的双向有序流动，弱化城乡区隔所造成的中间障碍，强化乡村学校的拉力，让优秀教师“下得去”。

（二）从“住有所居”到“居者有其屋”，提升教师福利水平

住房消费在城镇化进程中构成了社会分层的分布指标。对乡村教师而言，住房除了指征的经济和居住价值之外，还带有“符号区隔”的机制。[24] 职住分离是乡村教师集体消费升级的结果。对广大乡村教师而言，政府建设教师周转房仅为权宜之计，促使个体拥有购房资金实力才是解决住房问题的根本。[25] 制订教师住房保障规划，在已有的公积金制度等方面对乡村教师进行有向倾斜。要进一步加大对乡村教师社会需求方面的投入，较好解决乡村教师的居住问题，提升偏远地区教师交通补贴，减小乡村学校的推力，保障教师“住得好”，用“安居”为“乐教”打好基础。

（三）完善社区建设，重塑教师工作与生活空间

乡村教师的职住分离内含个体化的需求以及对自我主体性的探寻。学校逐渐不再以单位的形式存在，在这种传统社会团体趋弱的背景下，个体也在寻求为自己而活的方式。[26] 地方构成个人或社会群体身份的一部分，而社会与文化意义又通过不断的空间实践将意义记录在地方之中。[27] 研究中能够发现部分高教龄教师还有强烈的乡土情怀和社区融入感，职住分离本身也体现出城镇化过程中人的情感寄托和居住环境的撕扯。在尊重个体生活的同时，可以通过福利措施等引导以教师为主体的社区建设。基于集体性的公共空间塑造、引导及服务管理方面，让乡村教师群体产生对乡村的社区情感及社区归属感，用空间建设助力乡村教师的社会化、专业化。

在职住空间的一般均衡中，“工作地”和“居住地”的空间关系在居民和单位的自主选择下，由系统内生决定。在现实状况下，教师的偏好和城乡间的异质性、历史路径的依赖性以及各类制度和政策的干预，使内生体系短期内难以达到均衡。多种经济和非经济力量的相互叠加使就业与居住的空间动态关系越发重要和复杂。公共政策应该致力于为个体提供更多的选择机会，由他们考虑其社会收益和成本后做出理性选择，形成合理的职住关系。[28] 这些措施将有助于优化城乡教育一体化结构，改善乡村教师的生活质量和工作状态。

参考文献：

[1] 范先佐．乡村教育发展的根本问题 [J]. 华中师范大学学报（人文社会科学版），2015（5）：146–154.

[2] 姜超．工作生活两地化：城镇化背景下乡村教师职业新样态 [J]. 中国教育学刊，2018（7）：94–99.

[3] 仰丙灿，徐金海．农村学校布局调整对教师的影响与对策：以 H 市为例 [J]. 教师教育研究，2014（2）：35–40.

[4] 蒋亦华．新世纪我国乡村教师政策文本的多维审视 [J]. 教育发展研究，2019（20）：53–60.

[5] 刘胜男，赵新亮．新生代乡村教师缘何离职——组织嵌入理论视角的阐释 [J]. 教育发展研究，2017（Z2）：78–83.

[6] 郑新蓉，王成龙，熊和妮．他们是中国教育百年现代化历程中最特别的一群人——中国新生代乡村教师调查 [J]. 云南教育（视界时政版），2015（10）：32–35.

[7] 柴彦威，张艳，刘志林．职住分离的空间差异性

及其影响因素研究 [J]. 地理学报，2011（2）：157–166.

[8] 张学波，窦群，赵金丽，宋金平，王曼曼 . 职住空间关系研究的比较述评与展望 [J]. 世界地理研究，2017（1）：32–44.

[9] 刘风，葛启隆 . 人口流动过程中推拉理论的演变与重塑 [J]. 社会科学动态，2019（10）：26–31.

[10] 仰滢，甄月桥 . 基于"推拉理论"的新生代农民工身份转型问题探析 [J]. 中国青年研究，2012（8）：26–30.

[11] 杜屏，张雅楠，叶菊艳 . 推拉理论视野下的教师轮岗交流意愿分析——基于北京市某区县的调查 [J]. 教育发展研究，2018（4）：37–44.

[12] 王伟喆 . 农村教师住房调查 [J]. 湖北教育·综合资讯，2009（6）：18–21.

[13] 戈国莲，赵四海 . 我国城镇住房制度改革的背景和实践 [J]. 社会主义研究，2004（6）：144–146.

[14] 朱战辉 . 接力式城市化：一种选择路径 [J]. 重庆社会科学，2017（5）：72–79.

[15] 朱帅，郑永君 . 住房对农民幸福感的影响机制与效应——基于经济、居住和象征价值维度的实证 [J]. 湖南农业大学学报（社会科学版），2018（3）：66–71.

[16] 周钧 . 农村学校教师流动及流失问题研究现状与发展趋势 [J]. 教师教育研究，2015（1）：60–67.

[17] 张新生 . 同城化社会变迁中的跨界钟摆族群体研究 [D]. 南京：南京大学，2015：91.

[18] 刘晋强，景普秋 . 推—拉理论在我国乡—城劳动力转移中的应用与启示 [J]. 高等财经教育研究，2015（3）：72–89.

[19] 郑新蓉，王成龙，佟彤 . 我国新生代乡村教师城市化特征研究 [J]. 河北师范大学学报（教育科学版），2016（3）：70–77.

[20][28] 郑思齐，徐杨菲，谷一桢 . 如何应对"职住分离"："疏"还是"堵"？ [J]. 学术月刊，2014（5）：29–39.

[21] 阎云翔 . 私人生活的变革：一个中国村庄里的爱情、家庭与亲密关系（1949—1999）[M]. 龚晓夏，译 . 上海：上海书店出版社，2006.

[22] 邬志辉，秦玉友 . 中国农村教育发展报告 2017—2018[M]. 北京：北京师范大学出版社，2019：545.

[23] 宋萑，张文霄 . 教师专业认同：从专业角色走向身份认同 [J]. 全球教育展望，2012（3）：56–62.

[24] 张海东，杨城晨 . 住房与城市居民的阶层认同——基于北京、上海、广州的研究 [J]. 社会学研究，2017（5）：39–63；243.

[25] 容中逵 . 当前我国农村教师住房问题研究：来自浙江、河北、四川 3 省的调研情况 [J]. 中国教育学刊，2013（2）：18–21.

[26] 冯跃，刘谦 . 非连续性教育的人类学评析 [J]. 教育研究，2014（1）：35–40.

[27] 朱竑，钱俊希，吕旭萍 . 城市空间变迁背景下的地方感知与身份认同研究：以广州小洲村为例 [J]. 地理科学，2012（1）：18–24.

An Analysis of the Separation of Rural Teachers' Occupation and Residence Based on Push-Pull Theory

HUANG Dehao[1] KONG Su[2]

（1. Shanghai Teacher Training Center, Shanghai 200233;

2. Faculty of Education, East China Normal University, Shanghai 200062, China）

Abstract: In the process of urbanization, the change of rural teachers' occupation and residence from integration to separation has become a new situation, which puts rural teachers in a dilemma. This paper analyzes the formation and changes of the separation of rural teachers' occupation and residence, as well as its causes and characteristics. The push of the countryside and the pull of the city are the important forces that affect the separation of teachers' occupation and residence, and the boundary of rural teachers' occupation and residence is reshaped. It is believed that the improvement of the relationship between teachers' occupation and residence should be carried out from three aspects: enhancing professional identity, improving the level of welfare and promoting the community construction.

Key words: Rural Teachers, Separation of Occupation and Residence, Push-Pull Theory, Case Study

（责任编辑：周琛溢　顾戌）

教育：让人拥有对话世界的力量

李百艳
（上海市浦东教育发展研究院　上海　200127）

［摘　要］对话揭示了教育活动的本质特征，学校和课堂是最需要对话的地方，对话质量决定了师生的生命质量。基于对话理论、交往理性理论、现代治理理论的对话教育不仅是教育策略与方法，更是教育哲学与理念。对话教育能够充分唤醒师生的内驱力，让人拥有对话世界的力量。对话教学和对话教育的实施，呼唤学校治理现代化的对话机制建设，以改善多元教育主体关系、培育良好教育生态，推动学校整体转型性变革，促进学校全系统优化，实现高质量办学。

［关键词］对话教学　对话教育　对话机制

作为一个教育人，笔者常常反思自己“受教育”与“做教育”的经历，观察其他人的教育状态与教育效果，深刻地感受到在教育这种特殊的交往活动中，教育者与受教育者之间对话质量的高低决定着教育效果的差异，也深刻地影响着人的发展与生命质量的提升。因此，从教以来，笔者在自己所从事的语文教学、教学管理、学校管理等领域，不断自觉地培养对话意识、提高对话能力、开展对话教学，探索学校治理的对话机制，积极营造对话场域，让孩子们在对话中成长，拥有与世界对话的力量。

笔者在学校开展对话教学实践探索的同时，结合攻读教育硕士、教育博士学位的学习研究，以及主持的“三环”工作室（教育部“国培计划”领航工程李百艳名师工作室、上海市普教系统第四期“双名工程”“高峰计划”李百艳工作室、浦东新区李百艳语文教师培训基地）的研修实践，进行对话教育探索。经过实践与理论的长期交互影响、双向建构，从自然萌芽到用心探索，从课堂教学到学校管理、从个人践悟到团队共识，对话教育已经成为笔者与所在学校和所带学员内化的教育哲学、教育思想、教育理念，也作为具体的教育方式、教育策略、教育方法被广泛接受，“教育：让人拥有对话世界的力量”成为团队成员普遍认同的教育追求。

一、对话教育的内涵阐释

（一）对话与教育

在日常生活中，对话是一个普通且常见的

作者简介：李百艳，上海市浦东教育发展研究院院长，上海市建平实验中学校长，上海市特级教师、正高级教师，教育博士，主要从事教育领导与管理研究。

习惯用语。与对话相近的词语有很多，如谈话、沟通、交流、互动、讨论、争论、辩论，对话与这些词语的意义有所关涉，但是又有较大区别。关于对话，《现代汉语词典》中有这样几个主要义项：一是指小说、戏剧里人物之间的谈话；二是双方或多方之间的接触、协商或谈判，可以做名词，也可以做动词；三是在有隔阂时或重要事情上互相交谈。韦氏词典中“对话”的定义是“寻求相互理解与和谐”。英文中的“Dialogue”来源于希腊字根“Dia”，意为“穿透”，“Logues”的意思是“语言”或“意义”，因此“Dialogue”有穿透字面的意思。有很多人试着给对话下定义，有人认为“对话就是一群人在一起相互了解，在彼此的差异中建立互信，通过谈话产生正面的结果”[1]，也有人认为“对话是一种消除了种种矛盾对立而建立的主体之间的民主、平等的依存关系。对话的双方都不把对方看作自己的对立面，而是作为朋友和伙伴，是一种相互的自我实现”[2]。对话是不同的思想意识或文化差异的主体间相互理解的桥梁，已经渗透进人类社会生活与个人生活的方方面面。正如海德格尔所说：“对话，和由对话所导致的联系支撑着我们的存在。”社会学、政治学、文学、语言学、新闻学、法学、心理学、教育学等多学科领域都有关于对话的研究，对话有着深厚的理论基础。

教育与对话的关系一直是教育学理论范式研究的重要问题之一。纵览古今，东西方很多教育家都是对话大师。孔子与弟子的对话，彰显了“启发式”教育的魅力，一次次的“子曰”“问曰”“对曰”创生了一部教育经典对话录——《论语》；苏格拉底通过不断引导、质疑、问难，引导学生发现真理，创造了著名的“产婆术”。近现代以来，对话的哲学概念运用于教育学领域后，对话式的教育观被众多学者阐释和强调。德国哲学家马丁·布伯提出“教育即对话”，他从其“我—你”式对话哲学出发得出了“教育领域是完全对话性的”的观点，[3]他认为“关系”是教育的基础，“教育中的关系是一种纯粹的对话关系”。[4]巴西教育家保罗·弗莱雷认为，作为人类现象的对话，不仅仅是交流、谈话，它的精髓在于它的构成要素，即反思与行动。这两个方面是相辅相成的，反思脱离了行动，对话就变成“纸上谈兵”，泛泛而谈毫无现实意义的行动被剥离了反思，对话就变成了“蛮干”式的行动主义。在这两种情况下，对话都不可能实现，教育也就不可能真正实现人性的完善。[5]由此可见，对话教育是对“教育是什么”的理论追问和深入探究，教育领域倡导的“对话”不是一般意义上的对话，也不仅仅是作为一种手段，而是作为一种教育理论，是一种追求人性化和创造性质的教育学范式。[6]笔者认为对话是指基于平等主体间的，用言语方式进行沟通，努力达成理解与共识、产生正向效果的人际交往过程。[7]对话与教育具有天然的联系，对话揭示了教育的本质特征，人参与的一切对话活动都可能会产生教育的效果。

（二）对话教学

课堂是最需要对话的地方，通过对话教学培养学生的对话能力是以学生为中心的现代教育价值观的必然要求。然而，长期以来，以教师为中心、以知识为中心的传统教育价值观和教学模式根深蒂固，影响着学校的教学方式和师生关系。在这样的教学范式下，把学生当作储存知识的器皿，忽视了学生的主体价值，课堂里充斥着太多的“灌输”“独白”“预设”，教师的“一言堂”代替了师生之间、生生之间真实而生动的对话，使学生在知识学习、探究创造、人际交往、体验反思等方面受到抑制，难以充分释放学习的热情与潜能。在20世纪90年代，国内就有研究者从自己的教学实践运用中提出对话教学理论，并根据教学的不同要求和特定的内容，把对话教学分成讨论式、辩论式、提问式、互相启发式等。[8]随着课程改革的推进，对话教学的研究层出不穷。众多研究者把对话教学的理论建立在对话主义哲学、诠释学、心理学等基础之上，提出对话教学是平等的、民主的、交互的、合作的、生成的、以人为本的教学。笔者认为，对话教学就是一个教师倾听学生，引导学生与自然（知识）、与社会（他人）、与自我（心灵）对话，不断重新建构对世界的认知的过程。对话教学既是以对话为手段，运用对话方式，又是以对话为原则，体现对话精神的教学。对话教学首先追求的目的是打破独白式教学中不平等的师生关系，构建起一种师生真正平等对话的主体间关系。师生在民主、尊重的氛围中，通过教师、学生、文本三者之间的相互对话，在经验与思维的共享中创生知识和教学意义，通过高质量的对话发展批判意识，开发创造潜能，塑造独立人格，提升人生境界。

（三）对话管理与治理

对话不仅是一种教学范式，更是一种新的管理理念。对话双方只有作为有着完整个性、有着独特尊严的人而对话，才能揭开管理的真正奥秘，发现管理的价值和意义。[9] 在教育管理实践中，对话管理主张对话不仅是一种言谈与倾听的管理方式，也是一种管理情境，即管理主体间全身心地创造平等和谐、互惠互利、积极健康的管理氛围。对话管理作为一种主体间性管理，在管理形态上，实现了管理中科学与人文全面的、完整的、和谐的、发展的统一。在管理中，建立科学的对话机制是变革学校管理、重塑学校文化、推进学校治理现代化的重要手段。对话机制使学校的领导决策体制机制、组织架构和职能以及学校系统与外部系统之间的信息、能量和资源的互动交换更充分、更顺畅、更多元。从与管理相对举的意义上，对话机制实际上内含着治理现代化的价值导向，相对于“控制”“命令”，相对于“他组织”，其概念本身带有明显的价值介入性，与之相关联的是平等、民主、交往、沟通、协商、交谈、商谈、理解、承认、宽容、差异、创新、共识、共生、合作、共同体等概念。[10] 对话使管理者与被管理者之间的命令服从关系、冲突对抗关系转变为第三种关系形式，即合作伙伴关系。新型的组织形态与人际关系释放出不同教育主体的参与和创造的热情与活力，为学校依法办学、民主办学、开放办学、多主体参与办学，营造了良好的文化生态。

（四）对话教育及其理论基础

学校是最需要对话的地方，对话的质量影响着教学质量和师生的生命质量。然而在现实中，学校管理更多是命令式的，课堂教学更多是独白式的，品德教育更多是灌输式的，普遍缺少对话。这些现象的背后，是学生主体意识的缺失，使学生的能力培养和人格发育受到影响，与全面发展的目标背离。可见，在教育中以对话的方式开展真实的对话对于学生的成长具有重要意义和价值，对话教育原本就是一种应然的存在。

对话教育以“对话哲学”作为第一原理，它的整体理论构建、内容设置和思维方式无不体现着哲学脉络。随着时代的发展，对话已超越了原初语言学的范畴，进而具有了社会学、解释学和文化学的意义，凸显出一种独特的意识和哲学观。对话哲学中最具有代表性的学说有：马丁·布伯实现“我—你”精神相遇的对话哲学论，戴维·伯姆让意义自然流动汇集与分享的对话理论，巴赫金视对话为生存本质的对话理论，伽达默尔实现视界融合的解释学对话理论，哈贝马斯的主体间理性交往对话理论。伴随着后现代主义视野的不断扩大，主体间性教育观为新型对话式师生关系的出现确立了理论依据，在教育实践过程中，教师和学生之间的关系不是主体与客体的关系，而是互为主体的关系，这种关系以教育教学过程中的对话形式传达出来。[11]

综上所述，本文所指的对话教育是以“对话哲学”为基础，以师生的生命发展为目标，在学校教育教学过程中积极营造一种民主的氛围、开放的环境，为师生畅通对话渠道、搭建对话平台、建设对话制度，在课堂教学、课程建设、学校管理、学生活动与家校社区合作中，开展多元主体间多维度、多层次的对话，激发师生对话情意，促进师生提高对话能力、形成对话素养，提升育人质量，把学生培养成自我发展的承担者，善于对话沟通的合作者，具有反思精神的创造者。

二、对话教学的探索实践

在笔者的从教治校经历中，对话教育经历了从萌芽内生，到逐步发展进而形成统领学校的领导管理、引领学校文化提升的过程，最终构成了笔者教育主张的重要品性和灵魂。

（一）对话教学的自然萌芽

在语文课堂教学领域，从无意识地开展课堂对话，到有意识地运用对话方式，探索对话教学，再到以课题为引领开展对话课例精修工作坊，对话教学得以在全校全面展开和深层渗透。这一历程最初萌芽于课堂上一次次随机性对话的迸发，使课堂生成了新的内容和意义。以下案例是一次师生之间的非预设性对话，思维的激荡生成了课堂的创造性亮点，让课堂充满了生命成长的气息。

笔者执教余光中的《乡愁四韵》，课上到一大半时，请班里的“朗读明星”来朗读，没想到他竟然说“这首诗很怪，一时还不知道怎样读才好”。作为老师，笔者虽然有些扫兴，但是看到他态度诚恳，就追问了他：“怪在哪里？”他说：“这首诗好多个‘给我……呀’，读起来感觉诗人像个乞丐一样。”那一刻，笔者一下子意识到这个学生对语言形式的直觉是非常准确的，或许他可以帮助其他同学找到诗人情感的密码。的确，这首诗中，诗人余光中岂不就像一个情感的乞丐，浓烈的乡愁渴望得到一点点的慰藉，“弱水三千，只取瓢饮”，他要的就是一瓢海水、一叶海棠、一缕蜡梅香、一片雪花白。这个学生得到了赞赏，其他同学也受到启发，他们各自揣摩着诗人的情感，有人说也可以把诗人想象成一个喝醉的乞丐，叹着气读，流着泪读，乞求着读，呻吟着读，嘶喊着读，最后如进入梦境一般，呓语着读……常规的课堂，一下子石激浪涌，真好似“误入藕花深处，惊起一滩鸥鹭”。笔者课后反思：为什么这节课能够出现未曾预设的精彩？认真倾听学生，回应学生的疑惑，让学生“似是而非”的模糊认知得以在对话中清晰起来，个体的独特感受得到了重视，是引发师生之间和生生之间的情感互动、思维碰撞、智慧生成的重要因素。教学不再是教师以独白的方式传递知识，课程内容不再是一堆冰冷的材料，教师、学生、文本作者之间的相互对话和经验共享，赋予生命更加充沛、丰盈的力量。

（二）对话教学的基本程式

克林伯格认为，在所有的教学中，都进行着最广义的对话，不管哪一种教学方式占支配地位，相互作用的对话都是优秀教学的一种本质性标识。[12] 对话教学变教师传授知识、学生接受知识的“我讲—你听”的教学模式为师生、生生之间“倾听对话，互动共享”的对话教学模式，其基本程式为：创设对话情境—促进深度理解—共享思维成果。

1. 创设对话情境

师生和生生对话得以展开需要一个个具体可感、丰富有趣的学习情境，往往表现为与主要教学内容对应的主问题、主活动，讨论的话题、操作的任务等设计，这是对话的基础。在这一环节中，教师要深入研究教学内容，细致入微地把握学情，了解学生知识结构中的已知和未知，提出真问题，设计真任务，开展真活动，发起真对话，引起学生的求知欲望和认知冲突，在对话的情境中展开学习历程。

例如，在《上海的弄堂》读写结合作文指导一课中，笔者在引入环节给学生搭建了一个对话交流的平台：“我们从教材中的《上海的弄堂》走进了生活中真实的上海弄堂，请同学们交流一下在弄堂里的见闻和感受，最好结合课文带给你的感受来谈。”

生1：我看到的弄堂，给我的印象是灰色的，好像历史很悠久的样子。

生2：弄堂外面看起来都很小，走进去却很大，有很多又细又窄的小巷子，住很多人家。

生3：有的弄堂很破旧、很拥挤，有一个弄堂很狭窄，只要站一个人别人就过不去了。

生4：有的弄堂也很好的，我去了一处法国

人建的弄堂，有一个很气派的门楼，可惜我没看见名字。

这一环节中，学生带着问题走进生活中真实的上海弄堂，畅谈了在弄堂中的见闻和感受。接着笔者又引出一个新的任务引发学生进一步思考："同学们从弄堂的总体印象逐步谈到了细节，比如说弄堂窄到'一夫当关，万夫莫开'的程度，谈到了气派的门楼。下面请同学们谈一谈你在弄堂里见到、听到、感受到的细节和亮点。"同时，笔者为学生解释了什么是亮点，以及如何用发现的眼光来捕捉美。新一轮对话中，学生的分享可谓精彩纷呈。

生4：我看见有些弄堂里的人不在家里吃饭，很多人家在天井里放一个小桌子，每家人吃什么，别人都知道，好像一个大家庭。

生5：我看见很多人家的门上或者是窗子上都挂着腊肉、腊鸭等，很有生活气息。

生6：我从淮海路的大街上走进了一个弄堂，我看见有一个中年人在弄堂房子外面的水斗边刷牙，我觉得让那么多人看见自己刷牙好像不太雅观，更有意思的是，他一边刷牙还一边和路边的人打招呼。

师：很好，这个不雅观算不算亮点？

生6：怎么说呢？开始我觉得不太好，不过又觉得这和弄堂的生活特别和谐，也很本色，很真实。算是亮点吧。

师：非常好，同学们注意，所谓亮点，未必一定是漂亮的、美丽的、特别雅观的，它首先应该是真实的。这样的真实镜头，表现了弄堂特有的生活方式，揭示了弄堂生活特有的内涵，就是亮点。同学们，想一想这个场景和陈丹燕在课文中的哪段描述有相似之处啊？

生6：应该是116页结尾的一段"你看见路上头发如瀑布的小姐正在后门的水斗上，穿了一件缩了水的旧毛衣，用诗芬在洗头发，太阳下面那湿湿的头发冒出热气来"。

师：很好，的确很相似。具体是哪些地方相似呢？

生7：都是在同样的地方，做着相似的事情。

师：究其实质，这相似的地方，都是在公共的、开放的空间里，做着很个人化、生活化的事情，甚至可以说有一点"俗"的事情，这就是市井化、平民化的弄堂生活。但是，在"这一面"的背后，同时还有另一面。那么，另一面是什么呢？

生8：另一面应该是"头发如瀑布的小姐"在洗完头发之后，会表现出来很时尚的一面，上海的女孩子多数是这样的。

师：说得好，这就是上海人都市化、现代化的一面，古老的弄堂里生活着紧跟时代潮流的现代人。同学们还有类似"一体两面"的发现吗？

在本课的教学中，笔者通过创设贴近学生生活实际和浓厚生活气息的问题或话题情境，让学生体验来自生活情境中的问题，激发起学生的学习兴趣和好奇心，激活学生与教师、与其他学生进行对话和互动的意愿。学生从第一轮交流中的"各说各话"到第二轮交流中的"互动对话"，从"随性而谈"到"聚焦亮点"，从"生活视角"到"文化眼光"，与生活世界和文本世界对话的质量不断提升，对弄堂文化与散文特色的认知都有了新的建构。

2. 促进深度理解

师生对课程内容（文本或项目任务）的学习，促进深度理解无疑是教学过程的重中之重。在解释学看来，阅读与理解文本是一个对话事件，教学的过程是一个师生和文本的问答过程，在持续的问答中双方不停地相互进入，拓展、创造着认知领域的新边缘，实现视界融合，催生新的意义和价值。[13]在此阶段，教师可采用问答、启发、讨论、辩论、激发想象、联想等形式，充分调动学生参与对话的积极性，对学习内容进行深入解析和探索，以对话的形式引导并和学生共同建构知识、分享经验和理解意义，促进深度理解，进而共同解决问题。以《破阵子·为陈同甫赋壮词以寄》一课的教学为例，笔者从朗读、想象、与词人对话三个方面入手，引导学生走进文本深处，走进词人的情感世界，感受词的意境之美。在特别设置的"走近词人，共鸣互动"的对话环节教学中，教师和学生与文本作者展开了特别的对话。

破阵子·为辛弃疾赋敬词以寄

（李百艳）

铁马金戈壮士，危栏落日孤鸿。塞北河山千嶂暗，江南游子万夫雄。请缨路难通。

自古蛾眉见妒，从来此恨填胸。莫叹将军生白发，悲歌一曲气如虹。词开百代风。

破阵子·为辛弃疾赋壮词以叹

（吕春航）

茫然举目星廖，思飘沙场战角。八千里奔走沙场，五十年不思还乡。杀退胡儿马。

的卢马放南山，霹雳弓挂空墙，何时为君从戎事，不求沽名为报国，白发又何妨！

以上两首《破阵子》分别是笔者和学生“与词人深度对话”的成果，虽然学生吕春航的词还很稚嫩，平仄格律尚有不谐、不妥之处，但是他的理解无疑已经离词人辛弃疾的情感世界很近。他在对话中不仅表达了自己对词的悲壮意境的理解，而且融入了自己独特的感受。其中“的卢马放南山，霹雳弓挂空墙”简直是神来之笔，对“将军老去，报国无门”的无奈和悲愤有了深入骨髓的理解，而“白发又何妨”一句的豁达与豪迈又翻出一番新境界。笔者也填了一首《破阵子》，是以教师的身份和学生同样自由而个性化地与词人对话，课堂上形成了教师、学生和词人“三方对话”的格局，促进了学生对词作和词人精神内涵的深度理解。

3. 共享思维成果

课堂上师生在彼此间持续的对话中展现各自的思想和观点，在思维碰撞中分享彼此的体验与收获，在分享中达成共识并创生新质，课堂场域形成了强烈的创生效应，彰显学习意义。笔者执教《出师表》，针对文本理解的难度，充分尊重每个学生个体的阅读感受，让学生进行“自助餐”式的阅读，每个学生都可以对自己读懂的内容谈出一两点。作为老师，对他们每个人的阅读体验予以充分肯定，甚至将其统统写在黑板上。这一小小的举措，对那些无论是发过言还是没发言的学生，都是莫大的鼓舞。学生们开始更投入地进入文本中去筛选信息。学生的发言虽然是东一句、西一句，你一言、我一语，但是却为最终对文本的整体理解，对作者思路的把握提供了丰富的资源，学生的思维品质也得到了由浅入深、由表及里、由感性到理性的锤炼。雅斯贝尔斯曾说过“对话便是真理的敞亮和思想本身的实现。对话以人及环境为内容，在对话中，可以发现所思之物及存在的意义”[14]，教学意义的生成过程也是学生不断反思、更新认知与精神成长的过程。

以上提出的对话教学基本程式初步概括了对话教学的主要特征，但对话教学没有固定的模式。笔者一贯反对“千课一面、千面一腔、千篇一律”的传统课堂样态，倡导教师将学生的思维作为教学逻辑起点，教师要走出自己的逻辑世界，进入学生的逻辑世界，与学生进行真实、丰富、深刻的对话。教师要善于捕捉“学生自己似乎意识到却又表述不清楚的问题”，在对话倾听中力求“不愤不启，不悱不发”，让高质量对话创生学习的新收获、新体验和新突破。

（三）对话教学的核心要素

经过对话教学的课堂体验、课题研究和课例精修等实践，我们不难发现对话教学具有鲜明的特征：平等尊重、真诚倾听、多元互动、建构生成，等等。根据对话教学的原则和特征，结合已有的教学实践经验，笔者概括总结出对话教学的核心要素。

1. 问题与倾听

对话教学实施的轴心是“问题”（也可以是一个话题、主题），师生围绕问题进行对话互动。然而传统课堂的知识传授过程更多的是“装扮成对话的独白”，我们不否定教师向学生讲授重要知识的作用，然而，教师不能抱住这种传统的教学方式一成不变。对话教学不再是教师一方独霸讲台的“一言堂”，而是师生双方共同就问题、思想等进行平等的交流和分享。教师的作用更多地体现在如何引发学习、打开学习过程，启发引导学生深入思考、假设、求证，真正实现以学习为中心，让学生体验经历学习的过程。课堂教学应该是以问题为导向，对话随着问题的递进而深入，在对话中发现新的问题，通过对话去解决问题。对话教学中的问题要具有挑战性和真实性，能激发学生主动参与对话、积极解决问题。这就要求师生双方真诚地倾听，尤其是教师要关注学生提出的问题，切实尊重学生的主体地位，做一个好的倾听者、观察者，以欣赏的态度听取对方的观点和思想，与学生进行真实的对话。

2. 合作与分享

现代教学理论倡导教学过程是一个沟通的过程，一个合作和互动的过程。对话教学区别于传统教学的最显著特征是它凸显了教学过程中合作与共享的本质。“对话不是用一种观点反对另一种观点，也不是将一种观点强加于另一种观点之上，而是一种共享：共享知识、共享经验、共享智慧、共享人生的意义和价值。”[15] 教师要将合作和共享意识整合到整个教学过程之中，在合作中交流与学习，在学习与交流中进行更有效的合作。对话教学中，教师与每一个学生，学生与学生之间，不断在对话中相互理解、合作建构、共同分享，通过敞开、接纳、回应、碰撞、沟通、交流、互动、分享等活动，使学习变成一种主动的、集体性的生动体验，课堂里的学习资源不断生成、不断产生溢出效应，学生的学习不断打开、链接、补充、重构，认知不断更新，精彩无限生成，智能不断升级，学习质量不断提升。

3. 创造与生成

对话教学是培养师生生成性思维，体现教学创造性品质的教学样态。“对话性沟通超越了单纯意义的传递，具有重新建构意义、生成意义的功能。来自他人的信息为自己所吸收，自己的既有知识被他人的视点唤起了，这样就有可能产生新的思想。在同他人的对话中，正是出现了同自己完全不同的见解，才会促成新的意义的创造。”[16] 对话教学中，教师在课前无法完全预见课堂上将要发生的一切，教师必须对学生的表现做出及时的反应，捕捉教学的契机。对话教学的创造性不仅体现在学生在教师的引导下对知识的意义建构，更体现在能用已学知识和对话经验解决实际问题。因此，对话绝不仅仅是一种教学组织形式、一种教育手段，更要作为一种教育理念、一种教育思想，一种教育文化和教育哲学，渗透于课堂教学实践中，使学生真正成为对话的主体，经由高质量的对话实现师生之间、生生之间的知识共建、精神共勉和生命共生。

对话教学是以智启智、以情动情、以心印心的教学，对话教学的关键在于教师的教学理念、专业素养、对话能力和师德师爱。教师作为影响学生的“年长一代”，有着天然的专业话语权，要肯于俯就孩子，要用满怀的热爱与共情，感知孩子的喜怒哀乐，洞察孩子的思考与困惑，以对话者的姿态培养新一代的对话者。

三、学校治理的对话机制

对话机制是教育现代化的治理理念落实到学校具体办学实践的可行性路径之一，在教育领域，由于对话的缺失、对话的中断和对话的低质，常常使学校管理陷入“干群疏离”“家校矛盾”“师生纠纷”“家庭大战”“亲子冲突”“青少年心理危机”等扎堆式的问题丛林，严重影响了学校的高质量发展。在世界进入超级多元化的时代，面对越来越充满不确定性的未来，建立多元教育主体参与的学校对话治理机制显得非常必要，尤为迫切。

上海市建平实验中学将对话机制作为推动学校整体转型性变革的突破点与生长点，积极探索对话治理模式。一方面更新了学校制度，通过充分对话，让制度“长”出来；通过多元对话，让制度“定”下来；通过协同对话，让制度“用”起来；通过反复对话，让制度“变”起来。同时逐步建立起提升主体精神的对话参与机制，发现教育意义的共识达成机制，践行商谈伦理的民主协商机制。在全方位、多层次、多元化的立体对话中更新教育理念，深化课程改革，改进课堂教学，建设现代文化，释放教育活力，提升教育质量。

（一）提升主体精神的对话参与机制

参与是治理的前提，对话决策机制的主要特征是多主体参与。参与和投入与贡献具有内在的关联性，只有真正地参与，才能实现组织成员拥有更广泛的投入感、贡献感和强烈的归属感。在被动管理状态中，员工往往是“被参与”，而不是主动参与。因此，参与机制在本质上是一种对话性的组织氛围形成的基本机制，也是组织成员共识形成的机制。就个体而言，需要经历参与意识、参与能力和参与自觉三个阶段的递增和发展变迁。好的组织可以激发更多的人参与，让每个人积极贡献自己的智慧，将组织视为自己的家；而在“他组织”状态下，学校组织是一种异己的存在，往往会使有参与意识的人变得淡漠参与、弱化参与甚至“反参与”。如何让参与者具有一种归属感，其内在的机理是主体唤醒，唤醒参与者使其具有主人翁意识，把组织的事情当成自己的事情、我们的事情，而不是别人的事情、领导的事情、要我做的事情、完成任务的事情。对话参与机制的建立和对话基本工具的选择是保证治理格局形成的基本机制之一。在集体开展理性对话决策的过程中，须借助有关的对话形式、对话流程和对话工具，保证每一个参与决策者的意见得到充分尊重，使对话决策得以真实地发生，产生真实的效果。

借着制定新一轮学校发展规划的机会，笔者带领团队开展了与专家、家长、教师之间普遍而深入的对话。一是请华东师范大学基础教育改革与发展研究所专家就学校的行政管理、课程教学、学生发展、教师发展等方面召开系列座谈会，全面把脉问诊；二是请上海市教委教研室的专家对学校进行学业质量绿色指标质量评估的调研；三是请区教研室覆盖所有学科进行课堂教学评估；四是开展“我为学校发展献一策”活动，组织教师、家长为学校的发展出谋划策，评选出上策、妙策、良策、群策若干。学校里几乎所有教师都被“卷入”一场关于学校如何发展、如何育人的对话中，这当中有专家观点的自然流露与主动呈现，有教师观念的无意表露与自我反思，有校长办学思想的逐步凝练与集中阐释，时时发生碰撞与共鸣。在此基础上，我们审时度势，深入研判，系统梳理了学校的办学理念和未来几年的办学目标与任务，提炼了教育之“魂”，构建了办学之“体”，以“建德建业，惟实惟新”的核心价值观、“脚踏实地育真人，千方百计创未来”的办学理念和“美丽校园、书香支部、心灵港湾、温馨班级、德业课程、对话教学、真善少年、仁爱教师、智慧家长”九位一体的教育蓝图来培育“探索真知、追求真理、学做真人、活出真我”的时代新人，实践中努力做到魂能入体、体能载魂、魂体相生、体健魂强，将“立德树人”落到实处。

经过广泛、多元、深入的对话，“教育就是要尊重人性，温暖人心，培育人格，培养人才，成就人生”“用父母心办教育”“心在何处，智慧就在何处；爱在何处，奇迹就在何处”“对话，遇见更好的我和你”等教育信条逐渐内化为建平实验人的普遍共识，350余人的教师队伍和在校的5000多个家庭形成了一个具有强大愿景共识力的价值共同体。

在对话的基础上，学校建立了规划研制的动态决策机制（见图1），从中可以看出，决策过程流程清晰，有把握关键、注重结果导向的闭环决策思维，也有循环往复的生成决策思维。决策过程中将议事程序的规范性与对话的开放性有机统一，使决策更优化。这样的规划机制建设放大了规划过程中共识凝聚的价值，并在过程中不断扩大参与、论证、认同和宣传等治理效应。

此外，对话参与机制的建立需要扁平化的管理模式，需要在权力决策和运作格局中重新界定权力边界，激活基层组织的活力，锻炼基层管理能力。校长以授权、分权的方式，赋予基层以决策权、管理权。组织机构变革更有利于释放对话的潜能，建平实验中学将行政色彩较强的教导处、学生处、办公室等更名为专业和服务色彩突出的课程教学与教师发展中心、学生发展中心、学校发展中心、行政事务中心等。成立非行政化、专业化、松散型的、弹性的、随机组合、自由生成的跨学科研究共同体以及各类专业组织，变“领导与被领导”的关系为合作伙伴关系，营造了开放和谐的对话氛围，力求使学校中的个体和群体的积极性、潜能、活力发挥到可能条件下的最佳状态，使师生成为积极主动的第一责任人、行动者与创造者。

（二）发现教育意义的共识达成机制

对话是管理技巧的表现，更是一种教育领导智慧。承认是对话中的必要成分，对话就意味着对意见在一定程度上的承认，在承认机制中，有着兼容并包的诉求。承认是对话领导的一种姿态，哪怕不合理的意见都要允许别人表达。在群体决策中，承认每一种意见的合理性，以多种合理性建议为内在对话尺度，是领导群体决策的一个基本原则。对于群体决策的效率保证的一个侧度就是在群体决策中的求同机制，暂时性的形成关于问题、悖论、意见、理由的共识。对话质量的存异维度，也是群体决策中的必要策略，作为一种反思性存在对异见的保留和宽容，承认并接受差异，是群体对话决策非常重要的质量保证。

在建平实验中学，很多教育活动方案的出台都经历了群体决策的对话过程（见图 2）。在对话过程中，对话的发起者关注同一与差异两个维度。没有同一的群体决策本身就失去了群体决策的可能和前提，而没有异见的群体决策，只有高度认同则会抑制对话管理文化的生成性。对话过程就是在“求同存异”“求异存同”“同异比较”之中生成新质，达成共识。

1. 课程与教学管理中的共识达成

在学校治理中，课程治理是一个主体协同、组织运行、质量评价和反馈的过程。学校课程管理机制的创新有赖于教学管理者、师生、教学专家和社会力量等多主体的参与，形成课程建设和改革的合力。基于学生核心素养来构建和实施学校课程体系，需要从需求调研、资源评估、课程研发、实施评估等角度入手，建立课程管理的对话机制，促进课程资源的高质量供给，丰富学生的学习经验。建平实验中学深刻意识

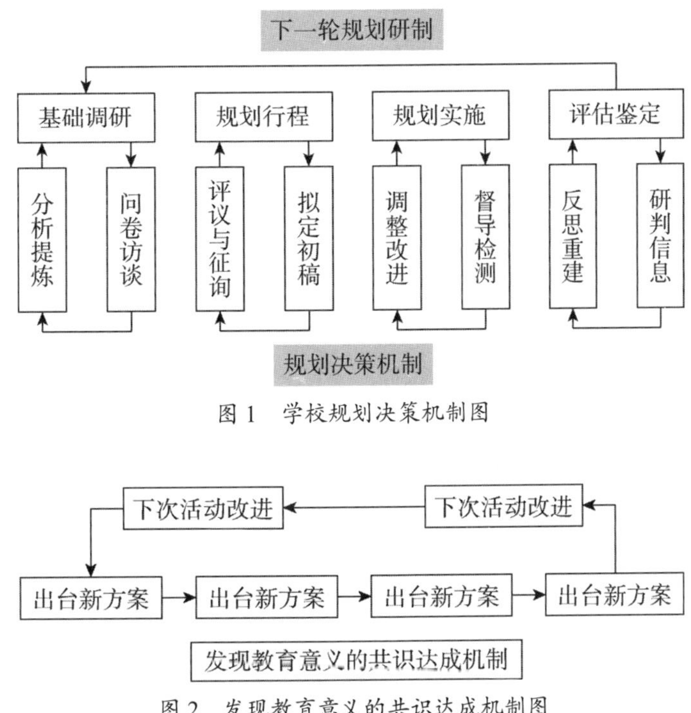

图 1　学校规划决策机制图

图 2　发现教育意义的共识达成机制图

到开发高质量课程、优化教学方式和增强德育实效的瓶颈在于如何促使教师从传统习惯依赖转向真实对话的自觉改进。努力使优秀教师的课程开发和教学经验得以分享、流转、传播，不断产生溢出效应。正是由于对话治理贯穿始终的“保驾护航”，建平实验中学的德业课程、对话教学、温馨班级、心灵港湾等项目开展得颇有声色。

基于对话的“学生学习需求调研，教师自主合作申报，专家动态审议指导”的课程开发审议机制逐步形成，学校组织专家从课程目标的正确性（是否贯彻国家教育方针政策）、课程内容的适切性（是否益于学生核心素养培育）、实施计划的可行性（是否加重学生课业负担）等方面进行审议。“五育并举引领下的初中学校‘三需’课程开发与实施的研究”获批上海市教委教研室课程领导力项目。

正如学者诺维奇指出：学习需要可以分为共同需要（common needs）、特殊需要（exceptional needs）和个别需要（individual needs）。共同需要是每个人都一样的需要；特殊需要是因为一部分人的特质而产生的，所以对某些人来说是一样的；个别需要，则是每个人都不一样的需要。[17] 建平实验中学从这一观点出发，以学生的学习需求为依据对学校课程进行分类，包括刚需课程、普需课程和特需课程。刚需课程是面对所有人的、体现国家刚性要求的课程；普需课程是面对部分人的、满足普遍存在的学习需求的课程；特需课程是面对特定人的、满足个性化学习需求的课程。基于学生核心素养的培养，本着基础性、兴趣性、实践性、体验性、自主性、综合性的原则，学校开发了丰富的校本课程，通过项目化学习、探究课、社团活动、主题实践活动、职业生涯体验活动等融合间接经验知识与直接经验知识两种知识形态的课程优势，打通书本世界与生活世界，为学生创造跨学科学习的情境与经历，引导学生在与知识、老师、同伴和自我的对话中发现学习的意义和生活的趣味。

2. 教育活动设计中的共识达成

将共识达成机制运用到学校活动设计和实施中，以下所介绍的“满足学生心理需求的儿童节”的活动案例具有一定的代表性。学校德育团队依照惯例精心策划了“六一儿童节”的活动方案，然后召集了不同层面的学生征求意见，有的是刚步入初中校园的预备新生，有的是经民主选举产生的少先队干部、共青团员，有的是活跃在学生自主管理委员会的小干事，当然还有即将面临中考的初三学子。师生们展开了热烈的对话和讨论，学生们对方案提出了不同的意见。经过一番对话，原来单一的文艺会演方案调整为丰富的班级冷餐会、操场巡游狂欢和高雅的艺术大餐，三场盛宴将孩子们的童心、纯真、美好、创意释放得淋漓尽致。

从以上案例可以看到，学校领导、老师与学生之间在具体的教育教学活动中尤其需要展开对话，老师们“想当然”的给予，学生未必乐于接受。尽管对话中可能会出现莫衷一是的局面，但是学校管理者要不畏矛盾冲突，寻求殊途同归，经过彼此倾听、耐心沟通，最终达成理解与共识，实现教学相长。

3. 多元对话评价中的共识达成

在教育评价方面，坚决克服“唯分数、唯升学”的倾向，紧紧围绕“探索真知、追求真理，学做真人、活出真我”的培养目标，改进结果评价，注重过程评价，探索增值评价，健全综合评价。[18] 综合运用观察量表、成长档案袋、创作、展示、测试、演讲表演、自评互评等方式评价学生。比如，“真善少年”之“每周一星”的评选，倡导学生与自我对话、与同伴对话、与家长对话、与任课教师对话、与班主任对话，等等。身边的人则从“德、智、体、美、劳”等不同的视角出发，与学生的过去、现在和未来对话，记录他们成长的足迹，发现每一个学生独特的闪光点，并以榜样展示的形式，激励更多的学生建立自信。这种多个体、多维度、多时点的对话评价，正如学校中心庭院的“钻石苹果”雕塑所诠释的一样，处于能力和人格形成期的初中生，每一个人都有自己独特的个性，每个人都可以闪耀不同的光芒，正是每一个“小苹果”的微光汇聚成了新时代少年多姿多彩的风景。经过上百期的评选，通过对话评价来赏识每一个孩子、关爱每一个孩子、激励每一个孩子，已经成为师生家长的普遍共识。

（三）践行商谈伦理的民主协商机制

学校组织文化，尤其是管理文化的变革，难的不只是让组织成员“知道”，更难的是“做到”。学校积极探索构建理性对话的民主协商机制，给予每个人表达自己意见的机会，培育成员之间协商、理解、合作、共享的能力。

在内部治理上，引导教师与自己对话、与学科对话、与学生对话、与同侪对话、与专家对话、与家长对话、与管理者对话，积极营造无处不在的对话场域，以对话的教师，培养对话的学生。

在内部治理向外部治理延伸方面，学校与家庭、社区的关系也成为对话的重要领域。建平实验中学针对普遍存在的家校难以达成共识、家长与教师角色经常错位等问题进行真诚的对话，从“共情：培育和谐关系的价值引领；共治：确立主体地位的制度保障；共建：促进共同成长的家长学校；共商：化解矛盾冲突的协商机制；共生：优化整体系统的育人生态”等方面建设家校共育的互动机制。

首先，针对家校共育界限不清、家校冲突等问题，逐步建立了规范科学的家校互动机制（见图3），深入开展家校之间的对话协商。学校在处理各种冲突、化解矛盾方面越来越得心应手，在互动的过程中越来越被家长认可、理解、信任。学校职能的专门性、组织的严密性、功能的全面性、内容的系统性、手段的有效性、形式的稳定性与家庭教育构成了有机互补，从而保证了学校教育工作的有序展开。

其次，举办家长学校，积极开展“家、校、社”协同育人。学校组织开展行为契约教育，班主任承担起家庭教育指导师的责任和义务，指导家长和孩子之间签订行为契约，从学习、劳动、体育锻炼、生活起居、自我管理等方面立约和守约。家务劳动契约、手机使用契约、亲子共读契约等纷纷出台。师生和家长积极行动，整理出目标清单、习惯清单、行为清单、问题清单，制订出科学合理的实施计划、执行方法和奖惩方式，帮助学生自律自学，改善了亲子关系，避免了很多矛盾冲突和突发事件，保障了学生的心理健康和生命安全。同时也培养了学生的现代契约精神，促进了学生思想观念的现代化。

学校还定期开展“智慧家长”“真善少年”“仁爱教师”的评选。家校共育对话机制有助于家校命运共同体的打造，开展长期良性友好的互动，提升家长家庭教育水平，也能提升仁爱教师的育人境界。学校每年都会通过教研组推荐，结合学生问卷调查，由校务会讨论，产生年度“仁爱教师”，并让其在教师节庆祝大会上交

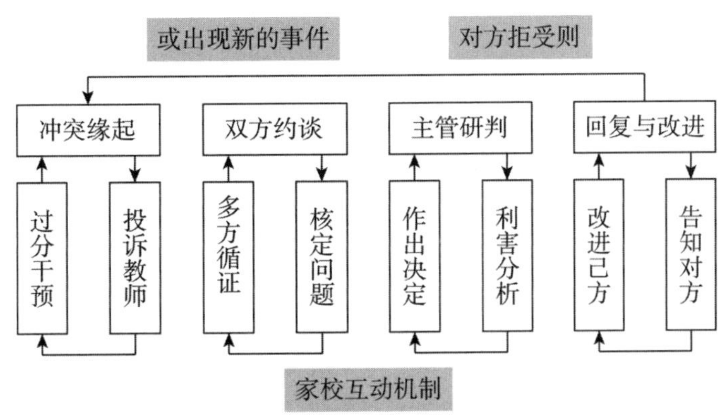

图3　建平实验中学解决家校矛盾的互动机制

流教育经验，发挥榜样引领的作用。

四、对话教育的成效与反思

建平实验中学的对话教育取得了丰硕的显性成果和宝贵的隐性成果，学生发展和教师发展成绩斐然、硕果累累，学校荣获并保持上海市文明校园、上海市先进基层党组织、上海市心理健康示范校、上海市家庭教育示范校、上海市行为规范示范校、浦东新区教师专业发展学校、浦东新区十佳科技特色校、上海市巾帼文明岗等三十几项荣誉称号。建平实验中学"大规模、高质量"的办学赢得了广泛的社会美誉。学校发展的内生力、共生力与创生力被充分激发出来，形成了育人合力。

（一）对话成为学校和师生共同发展的内生性力量

在对话教学中，师生之间在平等对话中相互激励、共同成长，共享双方创造的经验和智慧。伙伴之间的相互砥砺，激发了个体的主动性和创造力。"源源的出题集"的案例正是对话促使学生不断生成、主动探究、共享思维的最好例证。源源和越越是互相帮助的同桌，经常一起讨论解题思路，通过长时间的合作学习与经验共享，越越的成绩取得了巨大进步。中考结束后，他们仍旧保持高涨的学习热情和主动探究的创造力，最终完成了针对物理和数学学科的《源源的出题集》，不但实现了知识的主动构建，也学会了合作解决问题，并且养成了心怀他人的美好品德。

学校课程和实践平台尽可能为学生创造与世界对话的机会，满足学生的兴趣特长和差异化需求。学校为学生遴选了三十多个社会实践基地，开展了丰富的实践体验项目活动。学生们的学习世界被打开，他们走出校门，走向社区，走向博物馆、纪念馆，走向科研机构，走向企业……走向更广阔的世界。在与世界的对话过程中，学生在科技、人文、艺术、体育等不同领域收获了丰硕的成果。例如，在科创领域，2016 年以来，学生在"未来之城大赛"中屡获佳绩，2019 年获得了"最佳人气奖"和"最佳系统整合奖"两个单项大奖，成为三支中国中学代表队中唯一一个获奖的队伍。

对话教育从关注"努力做好事"，到关注"努力做成事"，再到高品质发展强调"活出真我"的过程，体现了学校治理从重视"事"到重视"人"的重要转变。师生个体潜能和积极性、群体潜能和活力、学校的组织活力，都有了较大提升，对话机制成为学校治理的关键内生性力量。

（二）对话教育重塑了基于交往理性的新型教育关系

在"前喻文化、并喻文化、后喻文化"并存的时代，建平实验中学的对话教育重塑了基于交往理性的新型教育关系。师生之间由教师的成人权威视角转变为尊重学生主体地位，由掌握话语霸权转变为揣摩学生逻辑，由单向预设传授转变为展开平等对话，由习惯群体泛谈转变为倾听个体心灵，由喜欢训话独白转变为互动对话生成；同侪关系逐渐由被动执行命令转向主动专业创生，由资深骨干引领转向青年教师反哺，由个体单兵作战转变为伙伴协同共研；亲子关系由单向度的霸王条款到主体间的平等契约，由随意性的训诫命令到理性化的对话沟通，由生理上的血缘链接到精神上的理解认同，由代际间的望子成龙到两辈人的共同成长；家校关系由情感疏离淡漠到共情教育期待，由相互指责抱怨到共治育人生态，由难以形成合力到共商育人妙计，由孩子受"夹板气"到共育心尖上的"小苹果"。学校中庭的心心相印涌泉池生动地诠释着人民教育家陶行知先生笔下的"真教育是心心相印的活动"的美好境界。

（三）对话机制的治理效应促进了学校系统整体优化

无论是课程开发和教学改革的逐步深入带来的多环节、多要素变革，还是教师专业发展过程中的多目标、多任务压力，抑或是家校合作的方式与效果，都需要团队进行对话协商。学校发展依赖教师个体的自觉意识和创新行动，也需要对话机制发挥支持作用。对话所产生的思想和信息的沟通与反馈机制，是融通团队转化和促进新思想、新方法、新模式、新成果产生的重要途径。对话机制催生的治理效应也是减少发展阻力、深化教育改革、实现持续创新的重要力量。对话教育引领的学校变革不再是一角一隅、一招一式、一人一事的变革，而是“有魂有体、魂体相生、体健魂强”的整体转型性变革，“九位一体”的蓝图变成了美好的教育现实，学校各个领域全面开花，结出硕果，实现了系统整体优化。

（四）对话教育面临的挑战和问题

1. 对话教育受组织发展阶段和学校领导个人风格的影响

学校发展的不同阶段以及不同的领导风格会导致对话教育呈现出不一样的状态。追求对话、倡导对话、擅长对话的校长，积极探索对话机制、开展对话教学，常常成为对话教育的支持者。但并不是每一所学校、每一位校长、每一位教师都适合在学校发展的任何时期全面推进对话教育。开展对话教育要结合校长和教师的个人风格、时代背景以及学校发展的阶段性特征，审时度势，稳慎推进。

2. 传统管理方式与对话教育的互动博弈影响对话沟通的有效性

传统的集中式管理作为强有力的组织管理体现出强大的行政力量，而对话决策机制作为学校治理的一种探索，两者在不同领域功能的差异或博弈，制约着不同层次和人群的对话可能性、对话积极性以及对话立场、对话效果。对话需要与民主集中相结合。

尽管对话教育的探索会受到诸多制约，但是作为回归教育本质的教育，也是面向未来的教育，内含着无限的生机与活力。对话教育是充满人文关怀的教育，是爱的教育，可以让每一个人拥有对话世界的力量。

参考文献：

[1] [美]丹尼尔·扬克洛维奇．对话力：化冲突为合作的神奇力量[M]. 陈淑婷，张桂芬，译．杭州：浙江人民出版社，2015.

[2] 安世遨．教育管理对话论[M]. 重庆：重庆大学出版社，2014：8.

[3] 刘德林．“教育即对话”质疑[J]. 教育理论与实践，2005（8）：1-3.

[4] 王向华．对话教育论纲[M]. 北京：教育科学出版社，2009：82.

[5] [巴西]保罗·弗莱雷．被压迫者教育学[M]. 顾建新，张屹，译．上海：华东师范大学出版社，2001：37.

[6] 苗小军，杨芳．教育对话与对话教育辨[J]. 江苏教育研究，2012（7）：46-49.

[7] 李百艳．对话：遇见更好的“我和你”[J]. 中小学校长，2020（8）：3-5.

[8] 陈雄飞．对话教学：意义与问题[J]. 教师之家，2005（3）：16-18.

[9] 张新平．教育管理学导论[M]. 上海：上海教育出版社，2006.

[10] 李百艳．走向现代学校治理的对话机制建设研究[D]. 上海：华东师范大学，2019：04.

[11] 李玉萍．从对立到对话的师生关系——后现代视野下的主体间性教育观[J]. 教育理论与实践，2008，28（10）：57-60.

[12] 刘庆昌．对话教学初论[J]. 教育研究，2001（11）：65-69.

[13] 张增田．对话教学研究[D]. 重庆：西南师范大学，2005：38.

[14] [美]小威廉·E. 多尔．后现代课程观[M]．王红宇，译．北京：教育科学出版社，2015.

[15] 谭文旗，刘玉容．对话的特征及其教育意义[J]. 四川教育学院学报，2008（1）：24-26.

[16] 钟启泉．社会建构主义：在对话与合作中学习[J]. 上海教育，2001（7）：45-48.

[17] [英]蒂姆·奥布赖恩，丹尼斯·吉内．因材施教的艺术[M]. 陈立，译．北京：北京师范大学出版社，2006：13.

[18] 李百艳．实施《上海市中小学学业质量绿色指标（试行）》的实践探索[J]. 上海教育科研，2018（3）：71-75.

Education: Let People Have the Power to Talk to the World

LI Baiyan
(Shanghai Pudong Institute of Education Development, Shanghai 200127, China)

Abstract: Dialogues reveal the essential characteristics of educational activities. Schools and classrooms are the places where dialogues are mostly needed. The quality of dialogues determines the quality of life of teachers and students. Dialogue education based on Dialogue Theory, Communicative Rationality Theory and the Modern Governance Theory is not only educational strategy and method, but also educational philosophy and concept. Dialogue education can fully awaken the internal motivation of teachers and students and let people have the power to talk to the world. The implementation of dialogue instruction and dialogue education calls for the construction of the dialogue mechanism of school governance modernization, so as to improve the relationship between multiple education subjects, cultivate a good education ecology, promote the overall transformation of the school, accelerate the whole system optimization of the school, and achieve high-quality school running.

Key words: Dialogue Instruction, Dialogue Education, Dialogue Mechanism

（责任编辑：茶文琼　黄得昊）

CLASS视域下见习教师课堂互动现状研究

——以上海市X区为例

王瑜瑾　杨爱娟　董学平

（上海市闵行区教育学院　上海　200241）

［摘　要］课堂互动评估系统（Classroom Assessment Scoring System，简称CLASS）是一款经典的课堂观察工具，得到国际上的广泛认可与应用。CLASS在中国文化背景下具有较高的信效度，能真实准确地评估中国课堂的师生互动质量。本文以CLASS为工具和技术支持，对上海市闵行区不同学校、不同学科的40位见习教师的80节教学活动进行课堂互动观察和评分，分析判断见习教师的课堂互动现状，并结合教师访谈梳理影响见习教师课堂互动的主要因素，提出相关培训建议。研究发现，整体而言，见习教师的课堂互动质量处于中等水平，各学段之间有差异，幼儿园整体状况不容乐观；见习教师的"情感支持"做得最好，"班级组织"次之，"教育支持"最弱；小幼段、中学段课堂互动薄弱点趋同。教师的职业理想、工作心情、教材处理、多媒体使用、课堂互动方式等对课堂互动质量有较大影响，应引起教师培训部门的重视，采取有关措施，加强培训，以提高见习教师的课堂互动质量，进而提升见习教师的课堂教学能力，帮助见习教师更好地站稳讲台。

［关键词］CLASS课堂互动评估系统　课堂互动　见习教师

教师的职业生涯有较明显的阶段性发展规律及特征。职初期作为教师专业发展的第一个关键期，影响着教师的教学志向和未来发展方向。[1]该时期教师非常需要专业化发展的指导，尤其是刚刚有了属于自己的班级和学生，急需课堂现场的指导。为整体提升中小学新入职教师的素质和能力，2012年上海市全面启动见习教师规范化培训，培训涵盖职业感悟与师德修养、课堂经历与教学实践、班级工作与育德体验、教学研究与专业发展四大方面十八个要点。[2]其中课堂教学方面涉及的八个要点，如课标理解、教案编写、观课评课、试教等都需要最终落实在课堂

基金项目：本文是上海市教育科学研究规划项目"基于CLASS诊断性评价的职初教师课堂互动能力的研究"（课题编号：C15065）的阶段性成果。

作者简介：王瑜瑾，上海市闵行区教育学院教师，主要从事见习教师规范化培训。
杨爱娟，上海市闵行区教育学院教师，主要从事教育科研。
董学平，上海市闵行区教育学院副院长，主要从事教师培训与管理。

中或者说课堂师生之间、生生之间的互动中来实现其效能。

课堂互动质量是教师专业化发展的重要标志之一。教育学家钟启泉曾打过一个比喻：如果把班级组织比作教育的生产方式，那么基于这种生产方式的互动力就相当于生产力。[3] 如能基于见习教师规范化培训，在课堂互动领域给予新教师恰当的支持，将会助力教师们更顺利地站稳讲台，走好职业生涯第一步。

国内常用的课堂观察和评价工具有弗兰德互动分析技术（FIAS）、课堂观察LICC模式和各级各地教育机构研制的课堂教学评价量表等，主要围绕教师的教学、学生的学习、课堂的氛围、师生的语言、学生间的互动等指标对课堂教学进行观察和评价。课堂互动评估系统则重点围绕课堂中的师生互动和生生互动，能全面而客观地呈现课堂整体互动情况，并从细节上反映教师课堂互动的优势和不足。本研究以CLASS为工具和技术支持，对闵行区见习教师课堂互动质量进行全面深入的观察和分析，并结合测评数据和教师访谈分析影响见习教师课堂互动质量的主要因素，为区域见习教师规范化培训方案的完善、培训课程的细化、导师队伍的建设等提供数据支持和行动建议。

一、国内外课堂互动和CLASS研究现状综述

（一）国内外研究现状

课堂互动是指在教室物理空间（课堂教学情境）内发生的，教师与学生群体之间、师生个体之间的，导致双方心理与行为发生变化的一切相互作用和影响，是“课堂师生互动”的简称。[4] 目前关于“课堂互动质量”并没有明确或统一的界定。《教育大辞典》从宏观与微观角度对“教育质量”进行了界定。其中，在微观层面上，教育质量是指对教育水平高低和效果优劣的评价，最终体现在培养对象的质量上。[5] 本研究中“课堂互动质量”指的是通过CLASS，根据行为标记对课堂师生互动情况进行记录并对各维度进行评分，进而得出情感支持、班级组织、教育支持等领域的质量水平。

20世纪50年代，国外学者开始从社会学和心理学两大方向对课堂互动进行研究，80年代末，国内学者也渐渐开始关注师生关系及课堂互动。

国内外诸多研究表明：课堂互动质量对教育质量以及学生的学习行为可以产生重要的影响，教师通过课堂互动影响学生的学习动机、心理、情感等，最终影响学生的学习方式、学业成绩，影响教育质量。[6] 纵览近些年来关于课堂互动的相关文献，可以发现国内外对于课堂互动的研究时间久、角度多、内容丰富，涵盖了课堂互动涉及的方方面面，如类型和模式[7]、策略[8]、影响因素[9]、课例研究[10]、个案研究[11]。随着实证研究在教育领域的广泛应用，诸多教学观测工具应运而生。其中CLASS课堂教学评估系统是一款经典且应用范围较广的课堂观察工具，得到国际上的广泛认可。[12] 基于中国有关研究者前期的使用效果及美国CLASS评估系统在跨文化背景中良好的信度和效度，我们有理由相信CLASS在中国文化背景下具有较高的信度和效度，并能真实、准确地评估中国的课堂师生互动质量。[13]

CLASS在国内的应用研究虽已起步，但仍处于缓步上升阶段，在学前领域的研究较多且多为描述性研究，中小学领域的研究多围绕单一学科，本研究以CLASS为工具，从全学段多学科视角对见习教师的课堂互动进行相应的实证研究。

（二）CLASS概述

1. CLASS的研发和使用

CLASS是一套主要针对教室环境中师生互动质量的评估体系，由美国弗吉尼亚大学教育学院院长皮亚塔教授领衔的团队设计。该体系的研发基于大量的文献和课堂观察研究，于2008年正式出版。CLASS从研发至今被广泛使用于美国各大国家级研究项目，如开端计划（Head Start）、质量评定与推进系统（QRIS）等。此外，

芬兰、澳大利亚、泰国、葡萄牙等国家教育质量的研究项目也在使用CLASS。近年来，国内诸多专家学者对该系统的本土化可行性和科学性进行了探索，证明其具有较高的信度和效度。例如：孙晓娟通过验证性因子分析发现CLASS模型的拟合度较好[14]；蒋建民以CLASS为研究对象，指出CLASS系统具有完整性和可操作性、强调评估与专业发展相结合、注重视频资料库的建立、具有及时反馈性与发展性等特点[15]。

CLASS根据学生的年龄，共设计有6个版本，本研究根据研究对象的特点，选用K-3版（学前班到小学三年级）和中学版（Secondary CLASS，7—12年级）两个版本。

2. CLASS的内容

该评估系统包括3—4个领域、10—12个维度，每个维度下辖4—5个观测指标，如表1和表2所示。每个观测指标采用7分点制度计分，分低水平（1—2分）、中水平（3—5分）、高水平（6—7分）三个等级，[16]配有相应的观察记录单，以20分钟为一个观察周期记录活动现场的情况。

表1 CLASS评分框架（K-3版）

领域	维度	观测指标（打分点）
Ⅰ. 情感支持	A. 积极氛围	……
	B. 消极氛围	……
	C. 教师敏感度	1. 意识 2. 回应 3. 处理问题 4. 儿童表现自如
	D. 尊重儿童	……
Ⅱ. 班级组织	A. 行为管理	……
	B. 课堂效率	……
	C. 教育学习安排	……
Ⅲ. 教育支持	A. 概念发展	……
	B. 反馈的质量	……
	C. 语言示范	……

表2 CLASS评分框架（中学版）

领域	维度	观测指标（打分点）
Ⅰ. 情感支持	A. 积极氛围	……
	B. 教师敏感度	1. 意识 2. 对学术的、社会的、情感需求的回应 3. 解决问题的有效性 4. 安慰学生
	C. 尊重青少年	……
Ⅱ. 班级组织	A. 行为管理	……
	B. 效果	……
	C. 消极氛围	……
Ⅲ. 教育支持	A. 指导学习的模式	……
	B. 内容理解	……
	C. 分析与询问	……
	D. 反馈的质量	……
	E. 教学对话	……
Ⅳ. 学生投入		积极的投入

二、见习教师课堂互动质量的现状分析

（一）研究样本

本研究以上海市闵行区2018年新入职的40名见习教师（学前、小学、初高中各10名）为研究对象，选取每位教师各2节课堂教学活动实录（由闵行区云录播课堂教学评价系统录制）作为课堂互动质量研究样本，共测评了80节教学活动课。

（二）测评实施

1. CLASS观察员培训

观察员是评价的执行主体，是课堂观察活动成败的关键。为保证观察结果的信度，本研究组织40位见习教师所在基地校的骨干教师和学科带头人为观察员，邀请师生互动专家对观察员进行培训，对CLASS的内容结构、观察目的、观

察步骤、评分程序等进行全面而具体的指导，通过3次试测保证观察员的资质。

2. 测评过程

每节课堂教学活动均由2—3名观察员背靠背进行打分，填入观察记录单。从领域、维度和观测指标上得出课堂互动质量的分数。小学和幼儿园使用K-3版CLASS，初高中使用中学版CLASS。

（三）测评结果分析

测评结果显示："情感支持"领域下的"消极氛围"维度得分很低，中小幼均为1分。由于"消极氛围"的计分方法和CLASS其他量表相反，采用逆向计分法，分数越高代表氛围质量越低，这说明闵行区见习教师的课堂氛围普遍较好，很少存在惩罚性控制、嘲笑、不尊重和严重否定等现象。为使数据分析过程和结果更清晰，后续研究将把"消极氛围"移出数据库。此外，小学段"限制移动"指标和我国班级授课环境的关系仍存有较大讨论空间，值得作为一个专门课题进行研究，因此本研究也将"限制移动"指标移除数据库。

1. 课堂互动整体质量分析

根据CLASS评分等级，整体而言，见习教师课堂互动质量处于中等水平，为4.73分。但各学段的差异较大，幼儿园最低，为3.71分；其余学段从小学到高中依次递减，分别为5.45分、5.15分和4.6分。

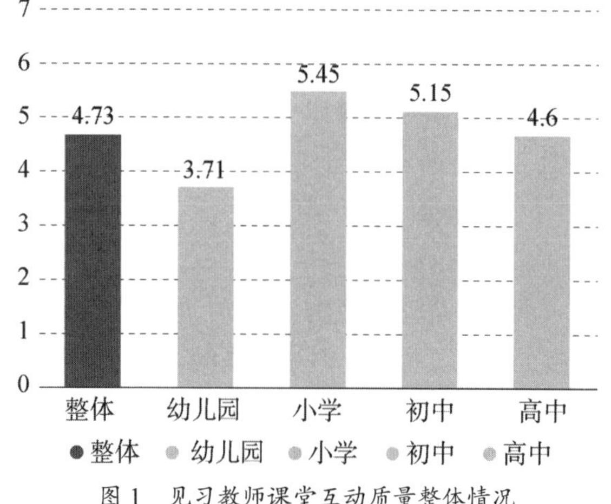

图1　见习教师课堂互动质量整体情况

通过以上数据可发现：

首先，见习教师的课堂互动质量总体尚可，并未太受教学经验不足的影响，最主要的原因可能是被评价的课例皆属于该教师的"展示汇报课"，前期有非常充分的导师指导、备课及试讲，同时师生的课堂专注程度最高，基本体现了教师当时最佳的授课状态。

其次，幼儿园的课堂互动质量不容乐观，须引起教育培训部门的重视。

最后，小学的互动质量最高，随着孩子年龄的增长，课堂互动质量越来越低，其背后的原因值得进一步探究。

2. 各领域互动质量分析

对情感支持、班级组织、教学支持、学生投入（小幼版无该领域）等领域的整体水平进行统计，结果如表3所示。

表3　见习教师各领域得分情况

学段	情感支持	班级组织	教学支持	学生投入	得分
幼儿园	3.79	3.75	3.58	/	3.71
小学	5.62	5.56	5.39	/	5.45
初中	5.2	5	4.9	5.5	5.15
高中	4.48	4.52	4.38	5.03	4.6
平均分	4.77	4.71	4.56	5.26	

由表3可知，整体而言，见习教师课堂互动中的情感支持（4.77）、班级组织（4.71）、教学支持（4.56）之间的得分差距不明显，均处于中等水平；三大领域分数依次递减，这和以往其他研究结论相同[17]；在"情感支持"领域，以往研究均大于5分[18]，而见习教师仅有4.77分，尤其是幼儿园只有3.79分，得分较低，该情况值得关注；中学课堂中"学生投入"得分为5.26分，好于前三大领域。

就学段而言，各领域情况和整体情况的结论相同，即小学 > 初中 > 高中 > 幼儿园。在幼儿园、小学和初中，情感支持、班级组织、教学支持三大领域得分依次递减，但高中学段内，"班

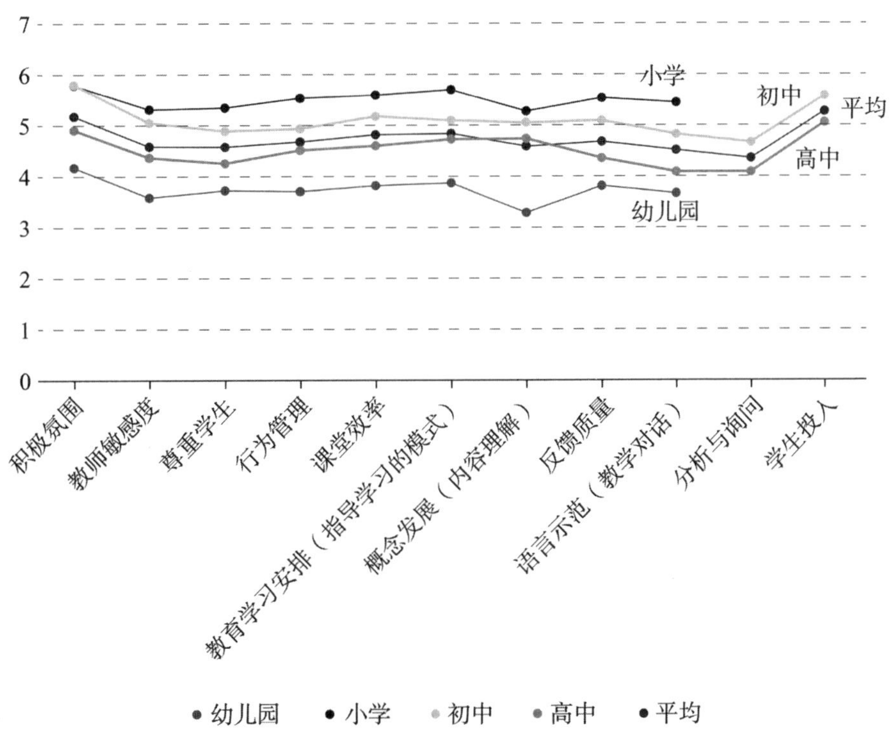

图 2　见习教师课堂互动质量整体情况

级组织”得分高于其他两大领域，体现出高中见习教师相对更擅长对课堂的管理和教学活动的组织。此外，初中课堂中的“学生投入”略高于高中。

3. 各维度互动质量分析

由图 2 可知，整体而言，见习教师各维度的水平也处于中等，其中“积极氛围”最高，为 5.12 分，表明教师的课堂氛围相对较好；“语言示范（教学对话）”最低，为 4.47 分，表明新教师在课堂语言运用上相对薄弱；其他维度的得分相近，说明新教师课堂互动的各个方面比较均衡。

就学段而言，小学和初中的各维度均高于平均线，幼儿园和高中的各维度大体低于平均线，表明幼儿园和高中新教师的课堂互动情况相对较弱。具体表现如下：

（1）幼儿园各维度远低于平均分，其中“概念发展（3.26）”尤甚；“教师敏感度（3.52）”过低是导致幼儿园“情感支持”领域质量偏低的主要因素；“积极氛围”相对较高，其他 8 个维度普遍低，说明幼儿园新教师的师幼互动亟需全面提升。

（2）小学各维度表现相对较好，但“概念发展（5.24）”也是小学新教师的薄弱点，此外，“教师敏感度（5.25）”和“语言示范（5.41）”也相对偏弱。

（3）初中各维度均高于平均分，薄弱点在“教学对话（4.76）”和“分析与询问（4.62）”；此外，“尊重学生（4.84）”偏低是导致“情感支持”领域低于小学的主要因素，应引起初中教师的重视。

（4）高中各维度也基本低于平均分，其中“教学对话（4.06）”和“分析与询问（4.03）”最低，“尊重学生（4.23）”和“反馈质量（4.28）”也较低。

4. 各观测指标质量分析

（1）小学、幼儿园各指标分析

小学和幼儿园使用的为 K-3 版 CLASS。本研究将小学和幼儿园作为一组进行对照分析，两个学段在各个具体指标上的得分如图 3、表 4 和表 5 所示。

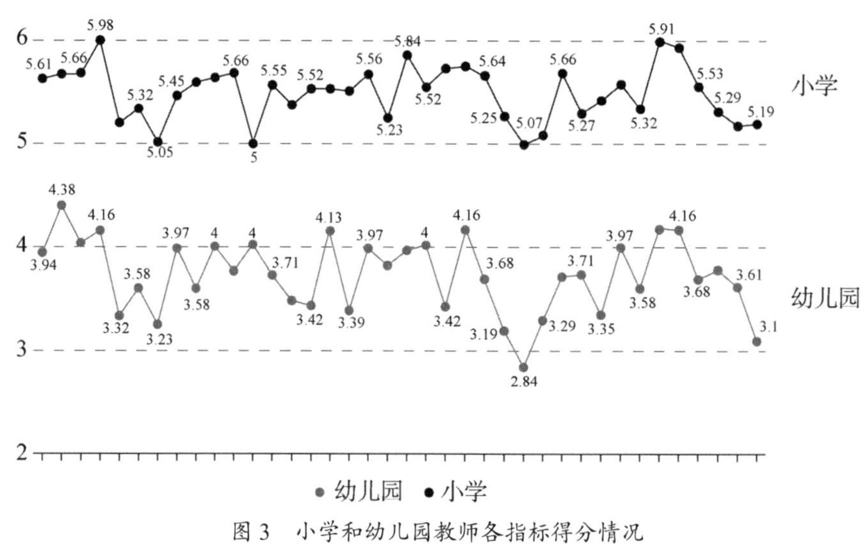

图 3 小学和幼儿园教师各指标得分情况

表 4 幼儿园教师各指标得分情况（最低的 10 项）

领域	维度	指标	幼儿园
情感支持	教师敏感度	意识	3.32
		处理问题	3.23
班级组织	行为管理	纠正不当行为	3.42
	课堂效率	学习时间最大化	3.39
	教育学习安排	活动形式和材料的多样性	3.42
教育支持	概念发展	分析思考	3.19
		创造	2.84
		整合	3.29
	反馈质量	循环反馈	3.35
	语言示范	高级语言	3.10

表 5 小学教师各指标得分情况（最低的 10 项）

领域	维度	指标	小学
情感支持	教师敏感度	意识	5.18
		处理问题	5.05
班级组织	课堂效率	过渡	5.23
教育支持	概念发展	分析思考	5.25
		创造	4.98
		整合	5.07
	反馈质量	支架	5.27
	语言示范	重复和延伸	5.29
		自我描述和平行描述	5.15
		高级语言	5.18

由以上数据可以看出，虽然小学和幼儿园的整体得分相差较大，但低分点比较重合。在 10 项最低分中，有 6 项重复，分别是创造、高级语言、分析思考、处理问题、意识、整合等指标。在小幼阶段，培训者更应关注这些低分项，尤其是重合项。

（2）初高中各指标分析

初中和高中使用的为中学版 CLASS。本研究将初高中作为一组进行对照分析，两个学段在各个具体指标上的得分如图 4、表 6 和表 7 所示。

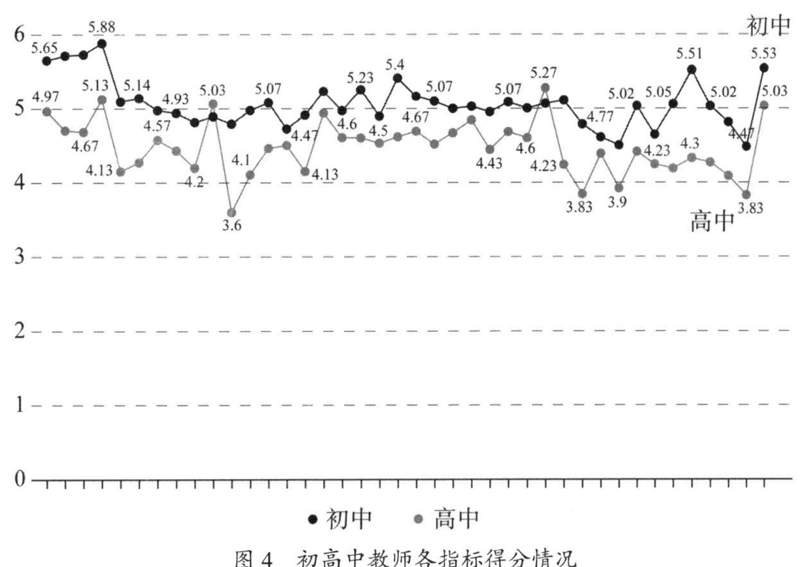

图 4　初高中教师各指标得分情况

表 6　初中教师各指标得分情况（最低的 10 项）

领域	维度	指标	初中
情感支持	对青少年的尊重	灵活性和青少年焦点	4.79
		支持自治和领导	4.77
课堂组织	行为管理	前瞻的	4.70
	效果	转场	4.88
教学支持	分析与询问	对更高要求思维的帮助	4.77
		新应用的机会	4.60
		元认知	4.49
	反馈质量	脚手架	4.63
	教学对话	分散的谈话	4.79
		帮助的策略	4.47

表 7　高中教师各指标得分情况（最低的 10 项）

领域	维度	指标	高中
情感支持	教师敏感度	意识	4.13
	对青少年的尊重	灵活性和青少年焦点	4.20
		支持自治和领导	3.60
		有意义的伙伴互动	4.10
课堂组织	行为管理	对错误行为的有效重导	4.13
教学支持	内容理解	过程和技能的实践机会	4.23
	分析与询问	对更高要求思维的帮助	3.83
		元认知	3.90
	教学对话	分散的谈话	4.07
		帮助的策略	3.83

由以上数据可以看出，初中的各项观测指标基本都高于高中，高中只有“和现实生活的联系（5.03）”和“知识的传递（5.27）”略高于初中。此外，在 10 项最低分中，同样有 6 项重复，分别是帮助的策略、元认知、支持自治和领导、对更高要求思维的帮助、分散的谈话、灵活性和青少年焦点等指标。在中学阶段，培训者更应关注这些低分项，尤其是重合项。

（四）测评结论

通过对 80 节见习教师教学活动录像课的测

评与分析，见习教师课堂互动呈现出以下特点：

（1）整体而言，见习教师课堂互动质量处于中等水平。其中小学见习教师课堂互动质量最好，属于中等偏上水平；初中和高中次之；幼儿园的课堂互动质量不容乐观。

（2）情感支持、班级组织、教学支持三大领域均处于中等水平且分数依次递减。“教学支持”是最薄弱的板块，这和以往研究结论相似；“情感支持”领域的总体得分较以往研究略低，其中幼儿园教师的“情感支持”质量非常薄弱。

（3）课堂互动九个维度（消极氛围未统计在内）的水平全部处于中等。其中比较有优势的地方在于“积极氛围”，比较薄弱的方面是“概念发展”“教师敏感度”和“语言示范”，其他维度表现趋同，都在中等线上。

（4）就各学段在各维度的表现而言，幼儿园整体比较薄弱，其中“积极氛围”“概念发展”尤其薄弱；小学段的优势在“积极氛围”和“教育学习安排”，薄弱点在“概念发展”“教师敏感度”和“语言示范”；初中的优势在“积极氛围”“课堂效率”和“学生投入”，薄弱点在“教学对话”“分析与询问”和“尊重学生”；高中的优势相对在“积极氛围”“概念发展”和“学生投入”，薄弱点除初中提及的三点外，还应关注“反馈质量”。

（5）在具体观测指标上，小学和幼儿园段的“创造、高级语言、分析思考、处理问题、意识、整合”，以及初高中段的“帮助的策略、元认知、支持自治和领导、对更高要求思维的帮助、分散的谈话、灵活性和青少年焦点”等指标相对较低。

三、见习教师课堂互动质量的影响因素和建议

通过测评可以得知教师的课堂互动质量，但测评并非最终目的。如何基于互动现状，通过适当的培训和干预，进而提升教师课堂互动质量，才是研究的真正价值所在。要实现这一价值，还应探究分析影响教师课堂互动质量的内外在因素，从而为培训部门设计相关政策、实施相关举措提供具体参考。

（一）见习教师课堂互动质量的影响因素探析

关于课堂互动质量的影响因素，目前比较有代表性的观点有：佐斌认为教师的教育背景、观念因素、任务因素等对课堂师生互动产生影响；[19] 哈里斯和罗森塔尔提出了“皮格马利翁效应”：教师期望是影响课堂师生互动效果的重要心理因素之一。教师期待一旦形成，学生行为就会朝着教师所期待的方向发展，从而完成符合教师期待的自我实现；同样，学生的期待也会对教师行为产生影响，使教师改进教学。[20] 皮亚塔等学者研究发现，气候对课堂师生互动会产生一定影响。[21] 研究者对课堂互动影响因素的意见不一，但普遍认为影响师生互动的因素是复杂多样的。

本研究围绕见习教师课堂互动质量现状，尤其是中小幼见习教师课堂互动的薄弱点，如小幼段的“创造”“高级语言”“处理问题”和中学段的“帮助的策略”“元认知”“支持自治和领导”等，从教师的基本信息、职业性格、职业理想和教育理念、专业技能与教学实践、课堂互动方式方法等角度对各学段的见习教师代表进行了访谈，以期从教师和课堂层面梳理可能影响教师课堂互动质量的相关因素。

在教师层面，研究发现，见习教师的学历、职业理想和工作心情与教师的课堂互动质量相关，具体如下：

1. 学历对课堂互动质量有一定影响

本研究中，高学历见习教师的课堂互动质量普遍更好，比如在“高级语言”上，高学历教师的运用频率更高，效果更好。通过访谈发现，高学历见习教师往往接受过规范的学术语言和思维训练，其在对“语言的丰富性、语言的概括性”的把握上比低学历教师更有优势。

2. 是否树立职业理想对课堂互动有较大影响

访谈发现，工作出发点“为了事业”的见习教师课堂互动表现远远好于“为了谋生”和“为

了快乐”的教师。从教之初树立职业理想，有助于见习教师立足长远目标，更积极地面对课堂中的各种状况，从而正面影响课堂互动；反之，见习教师则容易陷于第一年繁杂琐细的具体工作中，难以抽离，导致课堂互动质量不佳。

3. 教师的工作心情对课堂互动质量有一定影响

除了“愉快”和“痛并快乐着”的心情，见习教师也难免有“很无奈”和“很烦恼”的时候。一般而言，教师心情愉悦时更愿意关注课堂互动，同时高质量的课堂互动也会帮助教师体会到从教的乐趣，两者相辅相成；相反，教师心情欠佳时，则更愿意关注自身情绪以致忽略课堂上与学生的互动。

而在课堂层面，见习教师所带班级的特征和教师本人的课堂教育教学处理方式直接影响着课堂互动质量。

（1）访谈发现，见习教师所带班级人数较少时，课堂互动质量相对更高，互动更深入，参与互动的学生比也更高；班级人数较多时，见习教师反而更难形成高质量的互动，该现象在中小幼各学段都有体现。班级人数越多，对见习教师的考验越大。

（2）在教材的处理上，不局限于教材的见习教师课堂互动质量较好。但由于规范化培训的时间紧、任务重，现阶段的新教师们普遍更关注教材和参考书。

（3）多媒体资料的合理运用对课堂互动有促进作用。本研究中经常使用多媒体资料的教师课堂互动质量较好，访谈发现新教师们普遍有在课堂中使用多媒体资料的意识，但在内容和方式的选择上有较大困惑，较难把握好量和度。

（4）课堂提问方式、提问对象和提问频率深深影响着课堂互动质量。访谈发现，喜欢提问“举手学生”的教师课堂互动质量较好，提问其他学生的教师课堂互动质量相对较低。新教师们对在课堂上更应该提问哪一类学生及如何进行有效提问还比较困惑。

（5）课堂互动形式对课堂互动质量影响较大。本研究中选择“合作”“做中学”的教师课堂互动质量较高。但除了少数需要进行实验操作的学科外，大部分见习教师并不能有效组织课堂的“合作”和“做中学”。

（二）提升见习教师课堂互动质量的建议

CLASS 认为，要实现高质量的课堂互动，教师应对学生有积极的情感支持：教师要营造积极的课堂氛围、重视对学生问题的回应、尊重学生；教师要帮助学生有效地利用课堂时间：对学生行为进行有效引导和监督、对学生学习时间进行有效管理、组织丰富多样的教学活动；教师要给学生提供高水平的思维能力支持：推动对学生高水平思维活动的及时反馈、促进学生语言和思维的发展等。CLASS 从具体操作层面，给教师提供了课堂互动的测评工具和改进标准，对新教师加强课堂互动意识、提升课堂互动质量有良好的促进和引导作用。同时对教师培训部门设计培训方案、开发培训课程具有启发意义。

本研究基于见习教师课堂互动质量现状分析及影响因素探析，从教育行政机构及教育培训层面提出如下建议，以期切实帮助新教师提升课堂互动质量，让他们自信地站稳讲台。

教育行政机构一方面要重视新教师的入职引导和职后支持，另一方面需要科学合理地规划、设置学校及班额等，为教师营造良好的从教环境。

一是做好入职引导和把关，做好政策支持。

相关部门在教师招聘中应根据学段和学科需求，适当倾斜高学历教师，且在未来的职后培训中，为教师们搭建更多学历进修的机会。2013年上海市已启动教育硕士专业学位教育与中小学见习教师规范化培训相结合改革试验项目，华东师范大学和上海师范大学每年从上海市中小学见习教师规范化培训的教师中招收教育硕士专业学位研究生。相关部门应积极响应该政策，鼓励见习教师继续攻读教育硕士。

二是合理规划学校和班级建设，做好环境支持。

相关部门在学校和班级建设上，应立足全局，通盘规划，根据学段学科需求，最大限度实现低师生比。在条件允许的情况下，适当向见习教师倾斜，帮助新教师在第一年更好地融入班级，提升教师的课堂互动意识和能力。

此外，教育培训机构要立足见习教师需求，加强相关培训，全面促进见习教师课堂互动质量的提升。

一是加强职业引导，关心新教师成长。

要重视帮助教师树立正确的职业理想，加强“职业感悟与道德修养”方面的培训，该培训亦系见习教师规范化培训的一大板块。同时，要关注新教师的心理健康，注重对新教师的心理疏导工作，提供和加强对新教师的心理调适方面的培训，帮助新教师更好地体验职业乐趣，建立专业自信。职业理想的树立和职业乐趣的建立，会全面影响见习教师的课堂互动质量，是培训不可或缺的重要板块。

二是重视课堂互动培训课程建设，加大培训力度。

培训部门应针对见习教师课堂互动质量的现状，设计开发相应的培训课程。课程应尤其关注 CLASS 测评结果中的薄弱点，结合学段差异和需求开展通识的和分学段的培训。

应更加重视幼儿园教师的课堂互动质量，见习教师规范化培训期间，区域、基地和带教导师应特别关注幼儿园新教师群体的培训。

三是提供课堂教育教学技术支持，提升培训成效。

应加强对教材解读与使用方面的培训，指导新教师更科学地处理备课与教材的关系。在见习教师规范化培训中，应加强“课堂经历与教学实践”板块中“教材解读”的培训力度。

在日常培训中，应重视多媒体技术和合理有效使用多媒体资源方面的培训。上海市见习教师基本功大赛中设有“信息技术”板块的内容，对该领域的培训而言起到了一定促进作用。还要鼓励教师在日常教学中熟练运用多媒体和多媒体资源，提升课堂互动质量。

提倡“学生合作”和“做中学”等更具互动性、实践性的课堂互动形式，应将“如何更好地在课堂上进行分层分类提问”、鼓励学生“积极举手回答问题，打造良好班级学习氛围”等开放式主题纳入培训课程中。

参考文献：

[1] Huffman, G.& Leak, S .Beginning teachers' perceptions of Mentors[J].Journal of Teacher Education, 1986, 37（1）：22–29.

[2] 上海市教师专业发展工程领导小组办公室 . 上海市中小学见习教师规范化培训手册 [M]. 上海：华东师范大学出版社，2018.

[3] 钟启泉 . “课堂互动”研究：意蕴与课题 [J]. 教育研究，2010，31（10）：73–80.

[4] 叶子，庞丽娟 . 师生互动研究述评 [J]. 学前教育研究，2009（3）：44–48.

[5] 陈桂生 . 变化中的“课程”概念 [J]. 江苏教育学院学报（社会科学版），2007（2）：8–11.

[6] 张晓梅 . 师幼互动质量对学前儿童学习品质的影响及其教育促进 [D]. 长春：东北师范大学，2016.

[7] 李虹 . 课堂师生互动模式及其社会心理学分析 [J]. 齐齐哈尔大学学报（哲学社会科学版），1998（6）：53–56.

[8] 徐文萍 . 课堂师生互动存在的问题及对策 [J]. 浙江教育学院学报，2005（2）：16–20.

[9] 张文君 . 小学一、二、三年级语文课堂师生互动质量的观察研究 [D]. 上海：上海师范大学，2020.

[10] 孟凡玉，陈佑清 . 小学数学课堂师生互动质量的观察与评价——基于“课堂师生互动评估系统（CLASS）”的实证研究 [J]. 基础教育，2015，12（5）：69–77.

[11] 金佳梅子 .0—3 岁儿童早教课程师幼互动的个案研究 [D]. 福州：福建师范大学，2017.

[12] 王磊 .CLASS 在美国学前教育机构质量评估中的应用及启示 [J]. 外国教育研究，2014，41（11）：39–46.

[13][15] 蒋建民 . 美国“课堂评估评分系统”（CLASS）研究 [D]. 开封：河南大学，2018.

[14] 罗丽，刘昊 . 美国 0—3 岁婴幼儿托育服务机构质量评估中的 CLASS：内容、特点与应用 [J]. 外国中小学教育，2018（10）：45–54.

[16] Jason T. Downer, Leslie M. Booren, et al. The Individualized Classroom Assessment Scoring System（inCLASS）: Preliminary Reliability and Validity of a System for Observing Preschoolers' Competence in Classroom

Interactions[EB/OL] .http://europepmc.org/backend/ptpmcrender.fcgi?accid=PMC3501735&blobtype=pdf.

[17] 黄瑾，田方．幼儿园半日活动情境下的师幼互动研究——基于 CLASS 课堂互动评估系统的观察分析 [J]. 上海教育科研，2012（10）：88-91.

[18] 韩春红．上海市二级幼儿园师幼互动质量研究 [D]. 上海：华东师范大学，2015.

[19] 佐斌．师生互动论——课堂师生互动的心理学研究 [M]. 武汉：华中师范大学出版社，2002：80，164.

[20] 程菊．小学中年级英语课堂师生互动实践研究 [D]. 西安：陕西师范大学，2014.

[21] Anne H.Cash.&Robert C.Pianta.The Role of Scheduling in Observing Teacher-Child Interactions[J]. School Psychology Review,2014.

A Study on the Current Situation of Classroom Interaction of Trainee Teachers from the Perspective of CLASS: Take X District in Shanghai as an Example

WANG Yujin　YANG Aijuan　DONG Xueping

(Minhang Institute of Education, Shanghai 200241, China)

Abstract: Classroom Assessment Scoring System (CLASS) is a classic classroom observation tool, which has been widely recognized and applied in the world. CLASS has high reliability and validity in the context of Chinese culture, and can truly and accurately evaluate the quality of teacher-student interaction in Chinese classroom. Using CLASS as a tool and technical support, this paper observed and scored 80 teaching activities of 40 trainee teachers from different schools in Minhang District in Shanghai, analyzed and judged the current situation of classroom interaction of trainee teachers. Combined with teacher interviews to sort out the main factors influencing the classroom interaction of trainee teachers, the paper put forward relevant training suggestions. The results show that, on the whole, the quality of classroom interaction of trainee teachers is at the medium level, and there are differences among different periods, so the overall situation of the kindergarten is not optimistic; The "emotional support" of trainee teachers is the best, the "class organization" is the second, and the "education support" is the weakest; The weak points of classroom interaction in primary and secondary schools tend to be the same. Teachers' professional ideal, working mood, teaching material processing, multimedia use and classroom interaction have great influence on the quality of classroom interaction. Teachers' training departments should pay attention to it and take relevant measures to strengthen the training, so as to improve the quality of classroom interaction and classroom teaching abilities of trainee teachers and help new teachers stand on the platform better.

Key words: CLASS, Classroom Interaction, Trainee Teachers

（责任编辑：茶文琼　景超）

中小学信息技术教师职业认同及影响因素调查研究

——以 X 市为例

王金梦[1] 刘胜男[2]
（1. 青岛市西海岸新区港头小学 山东青岛 266599；
2. 华东师范大学教育管理学系 上海 200062）

［摘 要］在人工智能教育和基础教育信息化不断深化的背景下，中小学信息技术教师扮演着越来越重要的角色。其职业认同与工作投入度、职业幸福感以及教育信息化的普及息息相关。有关研究表明，教师职业认同水平的提高可以减少教师的职业倦怠，提高教学效率。本研究通过对 X 市 30 位中小学信息技术教师的结构化与半结构化访谈，归纳出社会支持、考试制度、校长信息化领导、信息技术教师学习共同体、教师心理资本、自我角色定位是影响信息技术教师职业认同的关键因素。笔者在此基础上构建了中小学信息技术教师职业认同的影响因素模型，并提出提高信息技术教师职业认同的对策。

［关键词］信息技术教师 职业认同 影响因素

一、问题的提出

随着人工智能的推广，国务院发布的《新一代人工智能发展规划》和山东省教育厅印发的《山东省教育信息化 2.0 行动计划（2019—2022）》中都提出，在中小学阶段设置人工智能相关课程并逐步推广编程教育。[1] 在推进基础教育信息化和人工智能教育的历史新时期，信息技术教师作为普及中小学信息技术教育、培养学生信息素养、加快教育信息化发展进程的重要力量，扮演着越来越重要的角色，发挥着越来越重要的作用。笔者通过与 X 市中小学一线信息技术教师的访谈，了解到当前信息技术教师的专业程度良莠不齐。信息技术教师因承受着来自工作、社会等各方面的压力而陷入职业倦怠，其职业生涯面临着前所未有的挑战。如何应对这些压力与职业倦怠，保持对专业发展的热情，已成为中小学信息技术教师不可回避的问题。教师职业认同通过影响工作投入度进而影响师资队伍建设的稳定性。[2] 有了较高的职业认同，信息技术教师愈加坚定长期从事信息技术教师职业

作者简介：王金梦，青岛市西海岸新区港头小学信息技术教师，教育学硕士，主要从事教师教育和课堂教学研究。
刘胜男，华东师范大学教育管理学系副教授，教育学博士，主要从事教育领导与管理、教师教育研究。

的信念，减少优秀教师资源的流失。提高信息技术教师的职业认同，不仅有利于信息技术教师队伍建设，还有利于教育信息化的推进与落实。

教师职业认同的影响因素十分复杂，已有不少研究对此作出探讨。笔者通过对国内外教师职业认同相关研究的整合发现，教师职业认同的影响因素主要分为两方面。首先，教师职业认同受教师个体内部因素影响，如教师的教学效能感、职业压力、工作满意度。王钢、张大均[3]通过对幼儿教师调查研究发现，教师在学校中承担过多的责任、待遇较低、社会地位较低等诸多压力影响其对职业的认可，降低了职业认同水平。有关数据表明，90%的中小学教师需要加班备课、批改作业等，工作压力已成为影响教师职业认同的重要因素。[4]多数研究者提出，教学效能感是影响教师职业认同的重要内部因素。教学效能感是教师判断个体是否能顺利开展教学工作的重要因素。[5]现有研究表明，教学效能感影响教师职业认同的程度。[6]免费师范生的教师职业认同在研究中得到了证实。[7]其次，教师职业认同受学校环境等外部因素影响。有关研究表明，公平公正的教师评价制度会影响教师的认知水平和工作满意度，进而影响教师的职业认同。[8]组织的支持可以提高中小学教师对教学工作的满意度，进而促进职业认同的发展；反之，组织不予支持，中小学教师容易产生不良情绪，不利于归属感和组织认同的培养。[9]

目前，在教师职业认同的影响因素相关研究中，尤其是以信息技术教师为调查对象的研究大都集中在某一地区信息技术教师职业认同总体水平，例如各个变量（如教龄、薪资）对教师职业认同水平的影响。[10]在探讨学校、社会或者教师个人对教师职业认同的影响时，仅仅一笔带过，且缺乏整合研究。为此，本研究以探索信息技术教师职业认同的影响因素为切入点，有助于了解信息技术教师的工作态度、工作动力以及影响因素等方面的情况，有助于分析增强教师工作积极性和提升教学效率的策略，拓展了以往信息技术教师职业认同的研究，为进一步构建高素质师资队伍，促进信息技术教育事业的发展提供了新视角。

二、研究设计

（一）研究方法

本研究利用扎根理论的质性研究方法，通过深入具体情境的实际观察，不断收集、抽象化、概念化相关数据，最终归纳出范畴和概念。在收集数据的基础上，寻找反映社会现象的核心概念。[11]基于本研究内容的现实性和情境性，为了进一步深入真实地揭示信息技术教师职业认同的影响因素，故选用扎根理论研究方法。

（二）资料收集

1. 访谈对象的选择

本研究的访谈对象来自X市一线中小学信息技术教师。采用理论取样，即尽可能选取为本研究提供最大信息量的中小学信息技术教师。[12]笔者访谈了X市30位中小学信息技术教师，就“信息技术教师职业认同的影响因素”进行了结构化与半结构化访谈。每位教师的访谈时间都在1至1.5小时，收集访谈数据文本达到30万字。

2. 访谈提纲的设计

根据“信息技术教师职业认同的影响因素”研究主题，在已有的文献研究基础上，在教育学博士、X市信息技术教研员和一线信息技术教师的指导下，笔者自行编制了访谈提纲。访谈提纲的内容如下：（1）请您谈一下对教师职业认同的理解。（2）您认为影响信息技术教师职业认同的关键因素都有哪些？为什么？（3）如果给您教别的学科的机会，您会愿意吗？为什么？（4）现在国家一直在推广人工智能教育，重视中小学编程教育，您觉得会对信息技术教师的职业认同有什么影响？（5）您是否会产生职业倦怠，但是能够一直坚持下去的因素有哪些？（6）在您看来哪些措施可以更好地提高信息技术教师的职业认同？

三、数据的整理与分析

（一）数据编码

本着客观真实的原则，笔者对受访的30位教师的录音资料进行转录，删除与本研究无关的信息，提取在访谈中屡次出现、要点突出的现象，对其进行意义阐释。这种意义阐释主要是通过扎根理论的编码过程来完成的。编码是将收集到的数据生成理论的关键环节。本研究借鉴施特劳斯（Anselm L. Strauss）和科宾（Juliet M. Corbin）的程序性扎根理论的编码步骤，包括开放性编码、主轴性编码和选择性编码。

1. 开放性编码

开放性编码是意义形成的阶段，该过程要对访谈文本等资料逐字逐句编码、分析、比较、概念化和范畴化，并将相关概念聚拢成一类，以实现对资料开放性编码的分析。本阶段最终生成概念化的相关短语。30位受访者一共提供了879个有效项目，形成了12个范畴，范畴以及相应的初始化概念部分举例如表1所示。

2. 主轴性编码

在主轴性编码过程中，笔者将访谈资料中类别关联的问题进行归纳，以寻求不同类别之间是否具有某种关联，记录相关的分析要点。具体范畴关系如表2所示。

3. 选择性编码

这一阶段需要整合主轴性编码获得的概念类别，其编码过程更为抽象。从构架更为精细化的类别到抽选核心类别再到整合类别是这一阶段的主要工作。即先依据本研究的主题界定出核心类别，再关联概念与核心类别并舍弃无关的概念，有助于资料的再聚焦。

（二）模型建构

本研究通过利用扎根理论的三级编码方式建构理论模型，确定“中小学信息技术教师职业认同的影响因素”这一核心范畴，并围绕这一核心范畴归纳出6个关键因素：社会支持、考试制度、校长信息化领导、信息技术教师学习共同体、教师心理资本、自我角色定位。并与选择性

表1 开放性编码范畴化

编号	初始范畴	原始代表性语句（初始化概念）
1	工资待遇	T04 信息技术教师的工资和其他学科教师的基本工资都是一样的，没有太大差别。（待遇与工作职责不符）
		T06 评职称还是看你的教学课时量以及成果，很多信息技术教师连课都不大上，怎么往上评呢。（评价激励制度）
2	学科评价	T01 家长、学校对信息技术的态度是无所谓，你上也行，不上也行。（边缘化的学科地位）
		T24 我觉得现在国家对信息技术学科的重视度高了，基本上每周保持在2次左右，与主科的频次差不多了。（学科发展期待）
		T12 大家虽然不说，但是谁不希望自己教的学科受到大家尤其是家长的认可。（情感支持）
3	考试制度	T08 高考是个指挥棒，高考要考什么，学校自然就把风向标转过去。只要信息技术学科不加入高考，这个学科就永远不会受重视。（高考影响）
4	包容的学校组织文化	T11 我们学校的校长对信息技术的发展还是具有一定的前瞻性，一直积极地争取人工智能试点学校这个机会。（重视信息化发展，鼓励创新）
		T06 我们学校的校长经常鼓励我们出去参加一些培训、研讨会等活动，他说多参加些活动，可以见见世面。（重视教师的专业发展）

（续表）

编号	初始范畴	原始代表性语句（初始化概念）
5	人财物的资源支持	T13 我们学校的校长都会积极争取参赛项目，之前我们学校的计算机设备都不行，我报告后，没几天领导就安排着都给换了。（教学资源支持）
		T09 我们成天就是修机器，1/3 的时间修机器，1/3 的时间做 PPT，1/3 的时间上课。（充足的教学时间）
6	专家引领的支持	T23 我们现在开研讨会的频率明显比以往高了，大家交流的机会也多了，而且教研员给我们提供培训机会，能学到不少知识。（组织领导的活动支持）
		T26 评课阶段，领导都要记录并表扬那些踊跃发言的教师，一定程度上促进了大家学习。（促进学习）
7	组织环境	T12 教研员主张我们学习别人的长处，指出存在的不足。大家整体的氛围很好，大家坐在一起商讨。（和谐的组织环境）
		T29 我觉得同事之间的互帮互助很重要，而且一些工作态度、为人处世的方式也比较重要。（共同学习进步）
8	共同愿景	T17 信息技术教师团队自身要拧成一股劲，共同努力，把信息技术这个学科共同发展起来，做出点成绩来。（共同目标）
9	效能感	T11 我都是自己买书学习，看着教程学的，这些东西都是长在自己身上的本事。（学习意愿与兴趣）
		T28 我之前带着学生打比赛，学生收获多，我也觉得高兴，这会让自己有成就感。（自我教学能力感知）
10	韧性	T10 我是一个不服输的人，看着别的学科教师评职称，我也会定目标。（不断追求进步）
		T05 每次比赛都积极争取。即使得不到领导的支持，自己也要把心态调整好。（积极调整心态）
11	自身职责定位	T30 尽管信息技术教师都是干些杂活，但是跟别的工作相比，还是稳定的，又有假期，总体上来说，会比较好。（缺乏自我认知）
		T24 来了学校之后，我发现和想的完全相反，落差挺大的。（职责定位）
12	专业发展意识模糊	T27 我就是教一些课本上的知识，也是为了应付学业水平考试。（发展意识不强）
		T09 虽然信息技术教师不太受重视，但是也不用怎么上课，也算是个相对清闲的工作。（专业发展意识模糊）

表 2 主轴性编码形成的范畴关系

类别	主范畴	对应范畴	范畴的内涵
社会层面	社会支持	工资待遇	职称晋升制度，评价制度
		学科评价	边缘化的学科地位
	考试制度	高考制度	分数至上，考试科目

（续表）

类别	主范畴	对应范畴	范畴的内涵
学校层面	校长信息化领导	包容的学校组织文化	营造有助于信息技术教师学习的开放环境和鼓励创新的机会
		人财物的资源支持	为信息技术教师专业发展提供时间、经费、专家等资源
	信息技术教师学习共同体	专家引领的支持	信息技术教师骨干的引领
		组织环境	和谐、教师信任、公平机制
		共同愿景	目标取向、合作意识
个体层面	教师心理资本	效能感	学习效能感、教学效能感
		韧性	积极参与，自我调节
	自我角色定位	自身职责定位	自我认知，职责定位不明确
		专业发展意识模糊	缺乏创新能力，发展意识不强

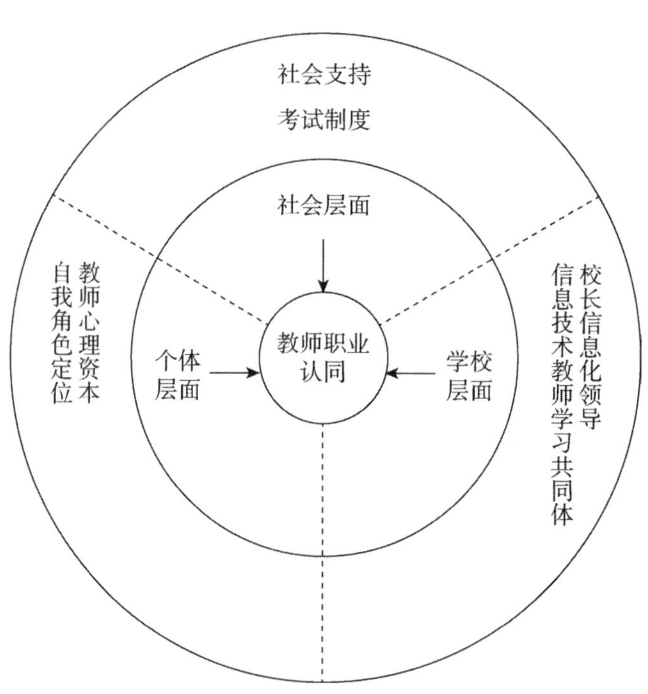

图1　信息技术教师职业认同水平的影响因素模型

编码得出的三大层面（社会层面、学校层面、个体层面）以及范畴与范畴之间的关系构建出信息技术教师职业认同水平的影响因素模型。（见图1）

（三）理论饱和度检验

本研究对预留的2个样本的有效数据进行理论饱和度检验，检验结果显示，已有的概念范畴非常丰富，影响信息技术教师职业认同的主范畴除了社会支持、考试制度、校长信息化领导、信息技术教师学习共同体、教师心理资本和自我角色定位外，没有发现新的范畴，也没有发现新的概念。因此，可判断数据收集基本达到饱和。

四、影响因素模型阐述

通过上述分析，信息技术教师职业认同的关键影响因素可以归纳为：社会支持、考试制度、校长信息化领导、信息技术教师学习共同体、教师心理资本和自我角色定位。

（一）社会支持

就社会层面而言，教师职业既作为谋生的手段，也象征着一种社会人的身份。一般情况下，教师的职业认同水平越高，其职业成就感越高。[13] 通过访谈发现，社会对信息技术教师的支持对其职业认同的影响包含经济待遇和学科评价两方面。学科评价方面，信息技术学科甚至信息技术教师群体在民众舆论中所处的尴尬地位，也从某种程度上说明信息技术教师的经济地位和职业声望“二低”的严峻形势，这种形式严重挫伤了信息技术教师的职业尊严。信息技术教师一方面面临着社会地位无法提高，另一方面又肩负重任，明显的对比容易造成信息技术教师的心理失衡。信息技术教师在教学工作中长期得不到家长、学校等的支持，容易丧失工作积极性，进而影响其职业认同。正如很多受访者表示：“我们都习惯被贴上不同的学科标签，语文教师、数学教师、信息技术教师等，尤其是被‘边缘化’的信息技术学科又给冠以‘副科’的名目。”石艳[14] 曾以信息技术教育为着力点指出，在信息技术教师不受重视的既成事实的影响下，再去要求信息技术教师与其他教师一样有同等程度的职业认同水平确实勉为其难。此外，信息技术教师的职称等级与其职业认同有直接关系，职称越高，信息技术教师的教学能力的认同水平越高。很多受访者表示：“评职称还是看你的教学课时量以及成果，很多信息技术教师连课都不大上，怎么往上评呢？”在中小学，职称的提高意味着工作经验的丰富和教学业绩的突出。对工作高度的投入度，在同事和学生之间得到的威望也就越多，相应地内化为对自身职业和能力的肯定评价。这与韦伯的“三位一体”理论不谋而合。[15] 配合合理的管理方式和激励措施，信息技术教师更易产生持续的专业承诺、发展热情与动力，表现出更高的职业认同水平。

（二）考试制度

研究发现，尽管信息技术教师对自身职业有诸多不满意的地方，甚至有不太认可与接受的情况，但事实上他们最终都未离开这个职业。这与某些社会文化有关，并且社会文化对信息技术教师的影响更为深远。正如已有研究表明，传统文化观念对教师职业认同的形成有较大的影响。[16] 这种社会文化的主要影响途径便是传统的考试制度。高考规定着教师的教学内容，影响着教师和学生的行为。以考试等形式的政府干预影响着教师的职业认同。[17] 信息技术学科一直处在学校的边缘状态，信息技术教师大部分处于附属地位，其发挥的作用一直被漠视。如受访者表示：“高考是个指挥棒，高考要考什么，学校自然就把风向标转过去。只要信息技术学科不加入高考，这个学科就永远不会受重视。”

（三）校长信息化领导

校长的信息化领导是访谈中提及频率最高的影响因素。校长的信息化领导因素主要体现在包容的学校组织文化和人财物的资源支持。包容的学校组织文化会为信息技术教师的职业认同创造出有利的外部环境。对学校组织文化的积极或消极感知会影响信息技术教师对教学的理解，促进或者阻碍他们的专业发展，重构他们的职业认同。几乎所有的信息技术教师都表示，校长所营造的包容的学校组织文化可以为教师带来积极的情感体验，促进教师职业认同的提高。正如受访者说道：“我们学校的校长经常鼓励我们出去参加一些培训、研讨会等活动，他说多参加些活动，可以见见世面，知道自己的不足，进而有提升的空间和动力。校长的支持使我们有干劲。”此外，人财物的资源支持作为校长信息化领导对信息技术教师专业发展的重要外部支持，也受到了信息技术教师团体的一致看重。正如访谈中有教师表示：“信息技术教师在学校里被各种各样的行政事务填满，疲于应付行政事务，又如何能拿出充足的时间钻研教学呢。”教师若是缺乏足够的教学和学习时间，就会严重影响教师的个人成长和同事之间的知识共享，进而影响其对自身职业的认知与职业情感。这与库克的研究结果一致。[18]

（四）信息技术教师学习共同体

信息技术教师学习共同体是在访谈过程中出现频次较多的影响因素。信息技术教师学习共同体包括共同愿景、组织环境和专家引领的支持。共同愿景对教师职业认同起导向作用，组织内的共同愿景在促进教师教学发展方面发挥着重要作用。共同愿景有助于组织成员明确自身工作重心和凝聚精力，实现组织目标。正如一位信息技术教师感慨道：“教研团队给鼓舞打劲，自身要拧成一股劲，共同努力，把信息技术这个学科共同发展起来，做出点成绩来。无形之中会让我觉得，我做这个工作是有价值的、有归属感的。”组织环境为信息技术教师带来良好的教学研讨氛围，对职业认同同样有益。研究表明，组织环境会对组织成员的认同产生影响，优秀的组织文化、组织成员相似的价值观等都会对成员的职业认同产生正向影响。[19] 专家引领是受访教师在学习共同体方面提及最多的概念。专家引领对信息教师职业认同的发展起着重要作用。虽然受访教师对专家引领的看法不一，但基本上都认同专家引领根据信息技术教师的实际情况和切实利益进行了考量，为教师群体提供了便利。正如多数受访者都表示：“每个月都有编程培训，经常邀请X市的优秀教师对信息技术教师进行编程辅导，还有名师介绍自己的教学经验和可操作性的教学方法，让我们感受这个大集体内榜样的力量，觉得我们是有价值的，有利于提高工作积极性。”这与以往研究结论不谋而合，教研活动中的专家引领会有效地促进教师的教学效能感，进而促进教师的职业认同。

（五）教师心理资本

教师心理资本是信息技术教师职业认同的内在驱动力，涵盖了效能感、韧性和希望三个范畴。效能感、韧性的高低和希望的有无是直接影响信息技术教师职业认同的心理因素。效能感方面，效能越高的信息技术教师，越有勇气和决心面对专业学习过程中出现的困难和挫折，坚信自己可以克服困难，实现目标，其职业认同水平显著高于其他人。正如一位信息技术教师所言：“我都是自己买书学习，看着教程学的，个人觉得还是很有用的。我会将其运用到学生参加的比赛中，这些东西都是长在自己身上的本事。”多数受访教师认为当处于逆境时，韧性对教师职业认同的影响更为重要，无形之中增加了信息技术教师的精神力量。正如一位教师所言：“我积极争取出去学习的机会，一开始校长不愿意，但是我不放弃，越挫越勇。”希望是影响信息技术教师职业认同的关键因素，是其职业认同发展的潜在诱因，为其职业认同发展蓄力。有受访教师坦言，之所以还能坚守在这个岗位上，原因在于坚信未来信息技术的发展无可限量。

（六）自我角色定位

研究发现，信息技术教师对自身角色定位不明确是影响信息技术教师职业认同的重要原因之一，主要表现在信息技术教师对自身职责定位不清晰和缺乏自我专业发展意识两方面。自身职责定位也是访谈过程中提及较多的概念。受访教师普遍认为自身职责定位合适与否是继续保持职业认同的重要因素。很多信息技术教师自己也感受到在学校中的边缘化状态，这种状态严重影响信息技术教师的职业认同水平。有教师坦言：“虽然自己也感受到在学校中的边缘化状态，但是很多教师缺乏走出来的积极行动。”另外，专业发展作为信息技术教师职业认同的重要条件，也受到了受访教师的一致看重。

五、总结与展望

（一）研究总结与对策

本研究通过扎根理论的方法建构了信息技术教师职业认同水平的影响因素模型，研究发现社会支持、考试制度、校长信息化领导、信息技术教师学习共同体、教师心理资本和自我角色定位是中小学信息技术教师职业认同发展的主要影响因素。教师职业认同的建构既是外在环境影响的结果，也是个体主动建构和反思的结果。[20] 所以，提高信息技术教师的职业认同不能只靠单方面的努力，需要社会、学校和教师个体的共同努力。首先，正向、积极的社会氛围和愉悦的社会环境有利于中小学信息技术教师抛开思想包袱，发挥自己的聪明才智，创造性地开展工作，促进职业认同的提高。因此，社会各界和国家相关部门应该多途径宣传，让社会大众意识到在信息化 2.0 时代，信息技术教育的重要性以及教育成果产出的延滞性，为中小学信息技术教师营造尊师重道的社会环境和宽容的社会氛围。其次，学校、家长等学会角色转换，立足实际，不应赋予中小学信息技术教师过多的角色，给予信息技术教师更多的专业发展空间。最后，信息技术教师自身要有正确的角色定位，调整好心态，追求自身专业发展。接下来，笔者从社会、学校和教师自身三方面提几点建议。

1. 打破偏见，提高信息技术教师的社会评价

一方面，社会对信息技术学科的评价直接影响到信息技术教师的职业认同。重视信息技术学科的发展，强化信息技术学科的专业地位是提高信息技术教师社会地位的手段之一。从根本上改变人们的观念，减少对信息技术教师的偏见。另一方面，引导学校领导、学生家长等正确看待信息技术教师，在工作、生活中营造尊重信息技术教师的氛围，提高他们的职业认同。

2. 提升教师专业发展支持，发挥榜样作用

要大力解决信息技术教师失衡问题，改善信息技术教师的资源配置，使每一所学校都能配置相应数量的信息技术教师。另外，教育主管部门应及时给予优秀信息技术教师一定的鼓励政策，创造有利于信息技术教师专业发展的良好环境。一方面，教育主管部门对表现优秀的信息技术教师予以表彰和奖励，发挥榜样示范作用，带动其他信息技术教师积极投身工作中；另一方面，教育主管部门为信息技术教师参加社会活动提供更多的机会，增加优秀教师与其他教师之间的交流与沟通，增进同事之间的友谊，缓解倦怠感。

3. 营造各科平等的文化氛围，加强制度和文化建设

学校文化建设中充分体现对信息技术教师群体的关注，排除职业角色带来的心理困扰，创设开放、和谐和包容的文化氛围，为信息技术教师职业认同营造和谐的氛围。确保学校领导将信息技术学科的发展放在与其他学科同等重要的位置，使其得到平等的待遇。为其他学科教师尊重信息技术教师做好表率，形成良好的教师信任文化。

4. 合理分配信息技术教师工作，加强专业化发展

洛曼（Margaret C. Lohman）研究发现，教师主要通过非正式学习逐渐适应所处环境。[21] 不断增加非正式学习机会，有助于提高教师的学科教学工作能力，从而减少不确定因素所导致的消极情绪干扰，提高职业认同。教育信息化 2.0 时代，应给予信息技术教师不断“充电”的机会，让信息技术教师更加专业化，让信息技术学科教育更加专业化。充分调动地方政府的行政与管理优势，整合各部分优势资源，推进信息技术学科教学的改善，鼓励信息技术教师参加多种形式的培训与在职进修，拓展自己的专业知识，了解本学科的最新发展态势，增长见识。

5. 自我正确定位，增强专业发展意识

要对信息技术学科有明确的认知，真正热爱这份职业。提高信息技术教师的职业认同，必须正确认识信息技术学科的学科性质、特点以及未来发展趋势，在工作中锻炼自我，实现自我价值。“谁越早意识到这一点，谁就可以把握职业生涯发展的主动权，谁就会在职业生活中创造和享受到教师这份职业内含的欢乐与尊严。”

6. 自我心理调节，积极反思

教师心理资本对教师职业认同有显著影响。[22] 即具有积极心理能量的教师更容易提高职业认同水平。信息技术教师因为工作复杂繁忙、疏于教学，可能会产生一些消极情绪。所以，信息技术教师应该学会疏导这些消极情绪，

有意识地进行自我调节，合理分配时间，多与朋友交流沟通，学会自我纾解，切勿将自己置身于焦急的教学环境中。

（二）研究不足与展望

本研究探索了影响信息技术教师职业认同的六大因素，并深入分析了六大因素如何影响其职业认同。首先，六大范畴下的12个变量范畴以及28个原始概念是通过扎根理论研究方法得出的特有结论，在以往的研究中还没有涉及。其次，本研究基于教师访谈得出的影响因素更多地聚焦内部的不可观测因素，而以往的研究更多地以可观察、可测量的角度关注外部指标对信息技术教师职业认同的影响，该研究结果启示我们可以更多地从学校和教师个体层面出发探究具体影响关系。本研究不仅丰富了教师职业认同的相关理论研究，弥补了以往研究更加倾向简单的描述统计的不足，还为信息技术教师职业认同的提高提供了针对性策略，具有一定的实践指导意义。

另外，本研究也存在一些局限，需要在未来研究中进一步探讨。具体表现在：一是研究样本的选择上，基于方便采样的原则，地区的选择上有一定的限制，未来研究可以扩大地区范围；二是本研究主要从教师角度去了解信息技术教师职业认同的影响因素，校长信息化领导对其职业认同的影响作用显著，但是未及时关注到学校领导等重要人群，未来研究可以加入，从不同角度全面了解信息技术教师职业认同的影响因素，并进一步探索各个因素之间的影响机制。

参考文献：

[1] 国务院．新一代人工智能发展规划 [EB/OL].（2017-07-20）[2021-09-06].http：//www.gov.cn/zhengce/content/2017-07/20/content_521 1996.htm.

[2] 刘伟，张棉好．中职教师职业认同对工作投入影响的实证研究 [J]. 当代职业教育，2019（4）：68–78.

[3] 王钢，张大均．幼儿教师职业压力对职业认同的影响：应对方式和心理资本的作用 [J]. 西南大学学报（自然科学版），2014（10）：157–163.

[4] 张丽萍，陈京军，刘艳辉．教师职业认同的内涵与结构 [J]. 湖南师范大学教育科学学报，2012（3）：104–107.

[5] 孙利．教师职业认同、教学效能感与工作倦怠的关系 [J]. 教学与管理，2011（12）：46–49.

[6] 张晓辉，赵宏玉．教师支持对免费师范生教学效能感和教师职业认同的影响 [J]. 中国特殊教育，2016（5）：75–82.

[7] 叶宝娟，郑清，董圣鸿，等．胜任力对农村小学校长工作满意度的影响：领导效能与职业认同的中介作用 [J]. 心理发展与教育，2017（3）：306–312.

[8] 赵联．高校思想政治理论课教师职业认同状况调查研究 [J]. 教育学术月刊，2014（8）：92–96+106.

[9] 王娇艳，王辉．特殊教育教师职业认同的影响因素研究 [J]. 中国特殊教育，2013（1）：52–57.

[10] 高艳，乔志宏，宋慧婷．职业认同研究现状与展望 [J]. 北京师范大学学报（社会科学版），2011（4）：47–53.

[11] 陈向明．扎根理论的思路和方法 [J]. 教育研究与实验，1999（4）：58–63.

[12] 刘胜男．教师专业学习影响因素及其作用机制研究 [D]. 上海：华东师范大学，2016.

[13] 杨彦，刘玲华，汪国珍，等．职业情感教育对高职护生的自我效能和职业认同的影响 [J]. 智库时代，2019（42）：89–90.

[14] 石艳．"共同生存"何以可能？——教育场域中信任问题的社会学审思 [J]. 华东师范大学学报（教育科学版），2007（2）：14–20.

[15] 樊彩萍．我国教师工资的统计分析与政策建议 [J]. 教育发展研究，2010（21）：22–25.

[16] Mantero M. Transcending traditional：Situated activity，discourse and identity in language teacher education[J]. Critical Inquiry in Language Studies，2004（3）：143–161.

[17] Day C，Kington A. Identity，well-being and effectiveness：The emotional contexts of teaching[J]. Pedagogy Culture and Society，2008（1）：7–23.

[18] Lenning O T，Ebbers L H. The powerful potential of learning communities：Improving education for the future[J]. ASHE-ERIC Higher Education Report，1999

(26): 173.

[19] Hoy W K, Tschannen-Moran M. Five facts of trust: An empirical confirmation in urban elementary schools[J]. Journal of School Leadership, 1999 (3): 184–208.

[20] Borich G D. The role of self in teachers' development[C]. Albany NY: State University of NewYork Press, 1999.

[21] Lohman M C. Environmental inhibitors to informal learning in the workplace: A case study of public school teachers[J]. Adult Education Quarterly, 2000 (2): 83–101.

[22] Avey B J, Luthans F, Jensen M S. Psychological capital: A positive resource for combating employee stress and turnover[J]. Human Resources Management, 2009 (5): 677–693.

A Study on Influencing Factors of Information Technology Teachers' Professional Identity in Primary and Secondary School: Take X for Example

WANG Jinmeng[1] LIU Shengnan[2]

(1. Gangtou Primary School of West Coast New District, Qingdao, Shandong 266599;

2. Department of Education Management, East China Normal University, Shanghai 200062, China)

Abstract: Under the development of artificial intelligence education and informatization of basic education, information technology teachers in primary and secondary schools are playing increasingly important roles. Teachers' professional identity is closely related to work engagement, occupational well-being and educational information. The existing researches show that its improvement can lower burnout and improve teaching efficiency. Through interviews of 30 information technology teachers in primary and secondary schools, it is concluded that social support, examination system, principals information leadership, IT teachers' learning community, teachers' psychological capital and self-role orientation are the key factors influencing IT teachers' professional identity. On this basis, this paper builds a model of influencing factors of IT teachers' professional identity in primary and secondary schools, and puts forward some countermeasures to improve IT teachers' professional identity.

Key words: Information Technology Teachers, Professional Identity, Influencing Factors

(责任编辑：袁玲　王永静)

牛津大学的 PGCE 教师培训项目及其运作经验

王 旦[1] 王 荐[2]

（1. 华东师范大学教育学部 上海 200062；

2. 无锡市第一女子中学 江苏无锡 214002）

［摘 要］ 笔者通过参与牛津大学 PGCE 教师培训项目深入了解英国教师教育。PGCE 培训内容主要分为课程培训和专业发展培训两大部分。培训分别在大学和中学完成，每位学员由 4 位导师共同指导。课程培训的目的在于教会学员如何教学科知识，培训以活动为主。专业发展培训聚焦变化中的教育本质及学校角色，发展中的（中学）学校课程及评价、青少年学习、社会公正的内容与问题、教师专业化和合作工作等。培训的评价和考核通过论文形式来完成。

［关键词］ 牛津大学 PGCE 教师培训

我国中小学教师大多毕业于师范院校，毕业前都会在中小学见习和实习几周至几个月。由于指导教师一般是一线教师，他们缺乏专业的指导能力，加上时间短，要完成从师范生到新教师的转变，实际效果不甚理想。入职后，新教师将在实践中摸索较长时间后才能胜任工作。因此，如何通过有效的培训，缩短从师范生到新教师的路径是值得探索的。英国的 PGCE（Post Graduate Certificate in Education，简称 PGCE）教师培训项目为我们提供了一个很好的实践案例。牛津大学作为世界顶尖大学，也和英国其他大学一样承担着培养中学教师的任务。牛津大学教育系负责 PGCE 项目，该项目是英国为有志成为教师的人员而设立的。学员具备本科学历后，经过一年培训即可获得 PGCE 证书，就可以获得中学教师资格证书，并同时获得硕士学位（相当于国内教育硕士），然后可以从事教学工作。

一、项目背景

牛津大学教育系作为 PGCE 培训组织，有着完善成熟而周密的计划。培训伊始，学员就会拿到培训手册，按图索骥，就可以事先知晓学习任务。后续培训任务基本按照计划完成。牛津大学的 PGCE 培训时间从头年的 9 月开始，到第二年的 6 月结束，基本和牛津大学的三个学

作者简介：王旦，华东师范大学教育学部博士研究生，主要从事教师教育和课堂教学研究。

王荐，无锡市第一女子中学教科室主任，特级教师，教授级高级教师，博士，主要从事教师教育、生物课程与教学研究。

期吻合，总计 36 周（牛津大学三个学期仅为 24 周）。其中，在大学的培训时间为 49 天，在中学的实习时间为 113 天，其余时间为学员的独立学习时间。PGCE 培训目标为：学员毕业后在教室里能应付自如；理解学科并知道如何教学；理解学生特点和学生之间的差别；评价那些会影响教与学质量的广泛的社会、道德和政治事务。为了达到这些目标，学员要从建立良好的教学习惯到明确地分析自己在教学中取得的进步，具体如下：建立教学最优化的自觉意识；能评估自己的教学，并能从评估中积累经验；能对自己的教师身份负责，满足自我专业发展的需要。通过该项目，教师将在知识方面掌握基本教育理论、教育政策、教学论、学生知识；在能力方面，能理论联系实际，积极有效组织教学，不断激发学生兴趣，评价学生，善于人际沟通；在品质方面，爱岗敬业，关爱学生，公平正义，积极合作。

PGCE 培训内容主要分为两大部分：课程培训（curriculum work）和专业发展培训（professional development programme）。课程培训包括在牛津大学进行的研讨会（seminars）、工作坊（workshops）和课外作业（assignments），以及在中学进行的教学（teaching）（包括合作教学）、观察（observation）和讨论（discussion）。所有这些旨在提高学员的教学技能，包括理解整个学校课程中相互影响的学科。大学和中学紧密配合完成每个学科的培训，具体由课程导师和学科师傅组织。

专业发展培训包括在大学进行的讲座、研讨和工作坊，在中学进行的定期研讨、阅读以及基于学校观察的课外作业和专题阅读。它们的宗旨是帮助学员理解大教育和跨学科课程，评估那些有助于学员通过教学来发展自己技能的事务。所有学员的专业发展项目一部分由大学导师规划和组织，每个中学的项目细节由该校的专业导师和普通导师组织。通过此途径，专业发展培训为学员深度学习感兴趣的内容提供了机会，把每个学员在各自学校的实践与对教育的理解联系起来，学员可以分享作为未来教师的经历。每个学员都有 4 位导师（师傅），他们分工合作，共同指导学员的培训。（见图 1）

课程导师（curriculum tutor）是牛津大学的学科专业导师（包括中学各门学科）；普通导师（general tutor）是牛津大学专门对口负责某一学校实习事务的指导教师，一般由课程导师兼任；师傅（mentor）是中学的学科教师，负责学员在中学的学科教学，并与大学的课程导师相互合作；专业导师（professional tutor）负责学员在中学实习的相关事务，协调学员在中学实习的所有事务，并与大学的普通导师密切合作。手册上面为学员提供了每位导师的联系方式，33 所实习学校的联系方式和网址，鼓励学员上网先行了解。牛津大学要求每位学员在两所中学分别实习一个学期。

二、培训项目实施

（一）课程培训

牛津大学教育系的课程培训是分学科进行的。笔者参加的是科学教师的培训，这些学员的学科背景有物理、化学和生物学。课程培训在教育系进行，一般从上午 9 点到中午 12 点半。每次课程培训都有主题，会在课前下发讲义，明确当天的学习任务。从培训主题来看，课程培训内容并没有覆盖全部学科知识，其目的是教会学员如何教科学知识，而不是在知识层面上进行拓

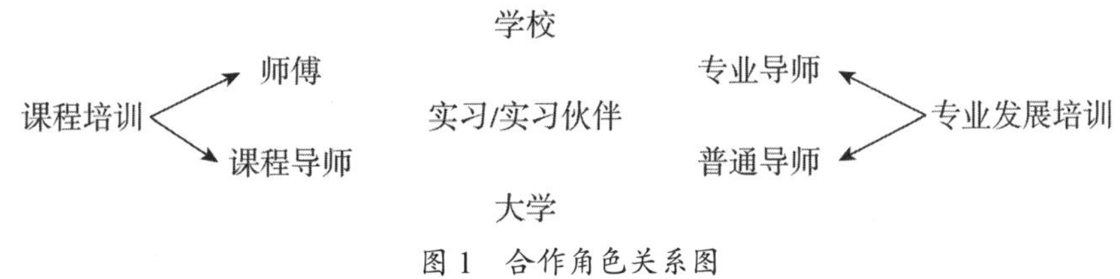

图 1　合作角色关系图

展。牛津大学教育系科学教师课程培训专题如下：安全、电专题、科学的本质、能量、科学教学中的语言和文献、在科学课程中发展学生数学能力的策略、科学家如何工作、通过团队合作来传授多样性和遗传、A-level 的教与学、科学如何运作、地球科学、科学模型、科学方法、分化和转化、教室里的交谈和讨论、营造积极的课堂、课堂管理、评价计划等。

例如评价计划专题的培训目标有：了解对学习的评估和课堂中的过程性评价；确定问题顺序并使用问题来评价学生的理解；使用学习结果来评价学生的学习；家庭作业的角色；订正的作用及不同的策略；学习与评价相关的术语等。

这些评价方法我们大多是熟悉的。在讲义的后面是附录，包括有关评价的名词解释和参考书目，鼓励学员进一步学习评价的相关知识。该次培训还提供了一份学习量表，包括“知识、理解、应用、分析、综合、评估”六种思考技能的评价表，罗列了这六种技能评估方式的关键词、行为、结果和提问方式，很有参考价值。

表1　具体培训流程表

序号	活动名称	具体内容
1	视频片段：什么是对学习的评价	观看视频，然后围绕3个问题进行小组讨论：你如何评价学生的学习？如何帮助学生学习？如何形成自己的教学计划？围绕这些讨论问题，讲义上还列出了4个有效的方法：有效的提问，给反馈做标记，同伴评估和自我评估，使用终端性测试。接着小组汇报。
2	仔细考虑对学习的评价	阅读讲义上的13种评价方法（全班提问，举手回答；全班提问，不举手回答；白板；小测试；贴纸；小组讨论后回答；小组问题接龙；纸笔测验；对错判断；交通灯1；交通灯2；循环游戏；温度计）。小组讨论这13种评估方法的优点和缺点，并说出理由。 小结：什么是形成性评价？它与终端性评价有何不同？它包括诊断性评价吗？
3	设计系列问题，用问题来吸引学生，鼓励学生提问	每个小组选择一个科学概念进行问题设计，讲义提供了一个实例作为参考。接下来的环节是讨论6种教学行为能否有效地鼓励学生提问：线索和提示、增加等待时间、协商答案是否正确、同伴讨论、大问题、使用错误或部分正确答案提示学生的回应。
4	学习结果	讨论：学习目标与学习结果有何区别？ 选择下列概念之一，回答学习目标与学习结果：力、能量、细胞、遗传、粒子。
5	家庭作业	讲义提供了许多学生对家庭作业的反应，要求教师对此思考：当我们布置作业时，要注意什么？
6	复习	复习的原则：吸引学生并使之产生兴趣，给学生呈现不同水平的挑战，培养责任感，设计一些合作任务，提供学生熟悉的评价方式，及时反馈，给学生选择的余地。 选择其中之一，小组讨论。
7	自我小结	我今天学到了什么？

整个课程培训后期，上课伊始就安排学员上微型课，进行教学技能训练。学员都认真准备，或讲新课导入，或介绍科学新闻，或演示实验，基本都制作了精美课件。教师和学员都会给出评价和改进意见，做到教学相长。

课程培训最后一天的安排独具匠心，印象深刻。精彩环节一：普通导师给本组学员赠送了文具礼品，并将培训之初每位学员写下的三个培训愿景和三个担忧还给学员。看到当初的三个培训愿景，每位学员都心潮澎湃。有的学员的愿景是理解学生是如何看待并思考科学的，学习如何帮助学生吸收知识，如何通过课上的有趣讲解来增进学生的见闻；他的担忧是不能控制课堂，声音不够响亮，在重复内容后学生仍然不理解。精彩环节二：教育系邀请了一位优秀科学教师现身说法，介绍自己的工作业绩。首先，该教师播放了 BBC 拍摄的他带领学生开展课外科学研究的节目；接着，他一一展示了自己平时饲养的动物，有两条大蟒蛇、大蜥蜴等，现场传出一阵阵惊叹声；最后，该教师自豪地介绍了科学教育工作带给他的快乐。该教师体现出的教师职业幸福感无疑会深刻影响即将踏上工作岗位的学员。精彩环节三：在牛津开阔的大学公园草坪上，给几百名 PGCE 学员举行了毕业酒会，给学员留下了美好的回忆。

（二）专业发展培训

专业发展培训由大学和中学共同完成，目标聚焦变化中的教育本质及学校角色、发展中的（中学）学校课程及评价、青少年学习、社会公正的内容与问题、教师专业化和合作工作等。专业发展培训计划由中学专业导师和大学普通导师共同制订，由中学专业导师推进。大学普通导师也会定期与实习组教师会面，并会一对一地指导学员完成专业发展培训的课外作业，也会定期到中学参与专业发展培训计划的实施。

在中学完成的专业发展培训包括以下内容：模式化知识，如种族、性别、阶层、能力、性取向；学生小升初的经历；学习行为；满足学生个性化需求；健康的学校和变化中的教导关怀的本质；学生的声音；学习评价；使用数据来预测教与学；家校联系，包括与家长和监护人面谈；日常健康安全与法律事务；儿童保护；教师的工作申请与面试；与助教及其他辅助人员合作；改造员工；机构间的联络；和其他专业人士合作，如教育心理学家、律师、社会工作者。

在第二个中学实习时，重点完成以下任务：教师的专业发展（包括班主任、教练等），标准化框架工作，表演管理；户外学习和课外学习；准备第一年的教学；跨课程的联系、远景和可能性；教师的权利和责任。

大学组织的专业发展培训以讲座（presentation）为主，分为四个系列，如表 2 所示。

每次讲座都要求学员事先阅读材料，阅读材料分为必读和选读两种，还提供了相关网址，要求学员思考关键问题，带着新问题来听讲座。例如《青少年与心理健康》一课，关键问题如下：

表 2　大学组织的专业发展培训

时间	系列	主题
第二周—第四周	A—大教育概念	作为 PGCE 学生来学习、学校教育和公共政策、英国教师教育、社会公平
第五周—第十一周	B—学习者与学习	青少年、学习者和学习：个性化差异 学习者和学习：理论运用于实践、学生行为的管理、现实和网络中的恃强凌弱、谁在我的班上、语言学习和英语作为额外语言的学习、额外学习需要选择、有阅读和写字困难的学生、小儿多动症对学习的影响、青少年与心理健康

（续表）

时间	系列	主题
第十二周—第十九周	C—教育的讨论	课程的角色、评价的角色、学校是否能打造特色、为了所有人的结果公平
第二十七周	D—专业化的工作	专业化的美景、努力成为优秀的新教师

心理健康意味着什么？如何适用于青少年？青少年遇到的主要心理健康问题是什么？青少年中与心理健康问题有关的危险因素是什么？青少年心理健康问题如何影响学校、班级和教师？学校在减少心理问题、改进学生行为方面扮演什么角色？教师如何更好地应对学生的心理问题？每次讲座所有学科学员集中在物理系大礼堂，鸦雀无声，认真听讲。在互动交流阶段，学员踊跃提问，气氛热烈，给笔者留下了深刻印象。讲座必读材料一般是 1 至 2 篇长达 20 多页的学术论文，保证学员对此讲座内容有全面了解，选读材料一般是 4 至 5 篇学术论文。

牛津大学还为学员提供了专业发展选修课程，拓展他们的视野，了解其他学科知识，如公民、戏剧、发展中国家的教育、信息技术、儿童照看和青少年理解。

PGCE 教师专业发展培训还包括教师的法律角色、教师岗位申请、如何做家庭教师、评价与考试等。教师岗位申请培训内容有求职信息、学校类型、求职方法、面试等。这些有助于学员在培训后期能顺利获取招聘信息、递交材料、通过面试、找到工作，实现从学员到教师的角色转变。

教师专业发展培训还有普通导师多次参与在同一个学校实习的学员小组讨论，通常是每位学员汇报实习情况，谈收获、谈体会、谈疑惑。在此基础上，普通导师组织大家头脑风暴，集思广益，解决问题，然后由普通导师进行点评。这样的小组讨论可以使学员收获经验，及时解决问题，针对性较强，深受学员喜欢。

（三）培训项目评价

任何培训都有评价和考核。牛津大学教育系会定期要求学员填写对培训的反馈和意见，以利改进。对学员的考核分为课程培训和专业发展培训两部分。课程培训考核通过学员递交三次课外作业（每篇 4000~5000 字）来完成，题目自选。第一次课外作业考核重点是大学培训内容，包括根据相关的研究和专业文献，相关的政策和实践总结，教师个人的观点和实践，基于个人实践和校本经历的调查，从上述各种可靠来源得到的知识和理解。对使用的调查方法能作出解释性陈述。通过对教师和学生含义的理解，以及相关的教学评价，来正确掌握并发现自己的专业发展道路。第二次作业用意是学员通过研究自己在课堂中使用的策略来形成自己的计划，重点是“调查学生观点和经历并形成课堂实践”。要求如下：聚焦学生的学习，通过学生的学习视角来研究教学，关注学生对学科的理解和观念，通过顺应他们的学习方式和经历来选择适合他们的教学方式。第三次课外作业的重点是研究课堂实践。

三次课外作业都有评价标准，分为甲、乙、丙、丁四个档次，丁为不及格。每个档次都有详细的描述，如甲等的标准是此课外作业要论证你所调查事物的全面知识和深度理解；这个理解要基于你对一系列数据的收集；你要收集经验数据，清楚解释收集和分析的方法，正确考虑伦理关系，把知识与其多种不同来源之间的关系作为潜在的问题来充分探究，将不同的知识来源有效汇聚到一起并进行相互印证；中心思想明确，结论充分论证；作业能充分证明学员深度理解知识并将其用于发展自己的专业实践；行文流畅，语言规范，面向专业和学术读者，参考文献完整。

设置专业发展课外作业的目的有两个：一是

拓展作为新教师对感兴趣的问题所做研究的必备知识，这些知识来自学校实践和研究文献；二是使学员能够学会并证明自己有足够的能力来发展、表达和理性思考，这取决于依据证据的专业思考和实践。专业发展课外作业为4000~5000字的论文，要求是关注非学科的学校问题，包括以下专题：变化中的教育本质和学校角色，发展中的中学课程及评估，青少年、学习者及学习，社会公平含义及问题，教师专业化及合作工作。导师建议在写作前思考以下问题：你感兴趣的大问题是什么？你对此特别感兴趣的是哪方面？为什么？你最初给自己的建议是什么？学校同事最初给你的建议是什么？围绕此大问题，你要发现的特殊问题是什么？专业发展作业包括以下部分：介绍、基于学校的研究、文献综述、结论、参考文献。

三、PGCE 项目的特点及对我国教师教育的启示

（一）PGCE 项目的特点

首先是计划性强。计划性强是英国文化传统。作为一年的培训项目，所有的事务都可以在培训手册上查到时间和安排，细致到所有的教学活动、实习、面试等事务都具体到每一天的每一分钟，如所有作业的递交要求、考试安排都提前告知学员，使学员早做准备，也保证了培训计划的顺利实施。这其实体现了培训工作的整体设计水平。培训手册还包括教师联系方式、学员福利、图书馆服务、信息服务等，甚至对停车、吸烟等都提出了明确的要求。

其次是突出实践性。从实践来看，牛津大学的教师培训基本以学员参与活动为主，设计了大量的教学实践活动，使得学员深度卷入，在实践中学会教学。从内容来看，一方面，注重教学实践；另一方面，注重文献综述、写作表达等学术能力的锻炼，使得教师既能教书，又有持续发展的科研能力。在培训实践中，充分发挥大学和中学的优势，为每一位学员配备了4位导师，从不同方面给予支持，做到全程指导，无缝对接，保证了培训的质量。通过全方位的实战训练和丰富操练，教师能站稳三尺讲台，并有强劲发展后劲。

再次是充分利用网络。培训中的所有学习材料都放在牛津大学校园网系统内，学员凭学号可以自行下载阅读，教师上课课件也是如此。这样使得教学成本大大降低，也便于学员随时随地学习。学员还可以随时随地通过网络和导师在线交流，使培训实现全天候、全空间，真正实现了立体学习。同时，BBC、YouTube 等网站都提供了海量教学资源，教师可以在教学中使用，使课堂生动有趣，使教学与广阔的世界连成一个整体。

最后是有丰富的活动。学员除了参与 PGCE 培训外，还可以充分利用牛津大学的教学资源。除了教育系每周开设的许多教育学学术讲座外，学员还可以选听其他学院的各类讲座，开阔自己的视野。牛津大学还有各类科学活动，如野外观察、博物馆之夜等都是教师培训的课外项目，也给教师培训带来无穷的乐趣。

（二）PGCE 项目对我国教师教育的启示

培养理念：理论与实践并重，突出教学能力培养。理论学习与实践操练必须相辅相成，实现“学习—实践—反思—再学习—再实践—再反思”的螺旋上升。[1] 理论学习是为了提升教师学术素养，深刻理解教育学原理，更好地提升自己的教学能力，培养教师的可持续发展能力。教师培训要突出教学能力的提升，要指向多种具体教学能力的训练，体现“实战性”。对新教师来说，要突出课堂教学基本功的培训；而对中老年教师来说，要突出新信息技术使用的培训。

师资选拔：除了师范大学外，要积极鼓励综合大学毕业生报考教师岗位，投身基础教育，使中小学教师队伍来源多元化，丰富学校人员组成，促进不同学科背景教师之间的思维碰撞和相互启发，使学生受益于不同类型的高素质教师。在师资选拔中，应强化对报考者各方面素质的考核，尤其是对教育从业者特殊心理素质、职业操

守、教学素养、沟通技能、语言表达等素质的考核；在面试中，应增强课堂教学潜能的考核，从源头上确保优秀人才从事教育工作。

培训过程：培训要体现教育实践。教师培训不能只是听讲座，要创设多种情境和任务驱动，促成教师团队合作。在具身学习中，让教师多动手、多动脑，在共同完成任务中学会集体协作，提升教学能力。实践能力只能来自实践，要创设课堂教学、问题解决、实验设计、资源选择、师生冲突、学业困难、弱势群体施教等多种情境，组织教师进行案例教学、模拟试讲、角色扮演、头脑风暴、团队竞赛等多种“实战”训练。可以实施一生多师，充分发挥大学教师理论性强、学术性强的优势，发挥好一线教师经验丰富的优点，共同协作，促进新教师的成长，避免目前师范生实习中大学和中小学“接力棒”的现象[2]，实现高校和基础教育在教师培训中的深度融合。培训内容要打破文理界限，实施大文科、综合理科的培训，使教师可以跨学科教学。

培训评价：教师培训的评价应该多元化。在培训之前，培训单位应该深入了解教师所需、所惑，提高培训针对性。[3] 培训之初，应明确培训不同阶段的考核要求，实现过程性评价和终端性评价相结合，重在表现性评价，使评价贯穿培训全过程。评价形式应多样化，有档案袋评价、学术论文评价、课堂教学技能评价等，全方位考核教师培训成效。同时，也要组织教师对培训机构的培训效果进行评价，这有利于培训单位吸收教师意见，改进后续培训。

参考文献：

[1] 徐碧美 . 追求卓越——教师专业发展案例研究[M]. 陈静，李忠如，译 . 北京：人民教育出版社，2003.

[2] 张丽敏，张怡然，乔雪峰，等 . 师范生教育实习中的反馈研究：议题、方法与启示 [J]. 全球教育展望，2019（3）：78-91.

[3] 黄瑾，李欢欢 . 幼儿园教师培训效能评估研究述评 [J]. 全球教育展望，2020（8）：63-74.

PGCE Teacher Training at Oxford University

WANG Dan[1] WANG Jian[2]

（1. Faculty of Education, East China Normal University, Shanghai 200062;

2. Wuxi No.1 Girls High School, Wuxi , Jiangsu 214002, China）

Abstract: PGCE training course is divided into two parts: curriculum work and professional development programme. Training is completed in Oxford University and secondary schools. Each student has four tutors. Curriculum work is aimed at teaching trainees how to impart subject knowledge, which includes a range of activities. Professional development programme focuses on the nature of education and the role of schools, the developing school curriculum and assessment, adolescence learning, inclusion and issues of social justice, as well as teacher professionalism and collaborative working. Evaluation and assessment of the training is done by paper writing.

Key words: Oxford University, PGCE, Teacher Training

（责任编辑：袁玲　苏娇）

教师教学效能感问卷的编制：兼顾普教与特教教师的测量

席居哲[1,2,3]　黄白金[1,4]　王陆静[1,5]　于慧珠[6]　左志宏[7]

（1. 华东师范大学心理与认知科学学院，上海市心理健康与危机干预重点实验室　上海　200062；
2. 华东师范大学附属精神卫生中心　上海　200335；
3. 华东师范大学涵静书院积极教育（中国）中心（PECA）　上海　200062；
4. 河南省洛阳市公安局政治部　河南洛阳　471000；5. 河南省郑州市第四十八中学　河南郑州　450000；
6. 辽宁省大连盲聋学校　辽宁大连　116011；
7. 华东师范大学教育学部　上海　200062）

[摘　要] 当前针对特殊教育教师教学效能感的研究较少，已有教师教学效能感问卷的编制主要基于普通教师群体，故无法适用于特教教师群体，并且目前学术界尚缺乏能够同时兼顾普教与特教两类教师群体的教学效能感测量工具。这一势态导致无法在研究中对普教和特教教师进行比较，更难把握特教教师的教学效能感特点。通过对已有教师教学效能感问卷的搜集和整理，并通过对特教和普教教师的半结构化深度访谈，项目组基于扎根理论对访谈结果进行编码，总结关于教师教学效能感的关键描述，生成教师教学效能感问卷初稿，并请专家和教师对所编制的项目合宜性进行逐一考量，以确保其内容效度。通过初测及探索性因素分析，确定了教师教学效能感的因素构成；通过复测及验证性因素分析，验证了教师教学效能感问卷的结构效度。信度和效度分析表明，项目组所编制的教师教学效能感问卷具有良好的心理测量学属性。

[关键词] 教师教学效能感问卷　普通学校　特殊学校　问卷编制

基金项目：本文是国家社会科学基金一般项目（项目编号：18BSH129）、上海市2020年度“科技创新行动计划”科普专项项目（第一批）（项目编号：20DZ2304400）、华东师范大学心理与认知科学学院和大连盲聋学校合作项目（项目编号：HD140601）、华东师范大学“新型冠状病毒防治”专项课题（课题编号：2020ECNU-FZZX-06）、上海市科技计划项目（项目编号：20DZ2260300）的研究成果之一。

作者简介：席居哲，华东师范大学心理与认知科学学院教授，博士生导师，主要从事心理弹性科学、临床与咨询心理学、应用积极心理学研究。

黄白金，华东师范大学心理与认知科学学院应用心理硕士，河南省洛阳市公安局政治部民警，主要从事心理问题干预研究。

王陆静，华东师范大学心理与认知科学学院应用心理硕士，河南省郑州市第四十八中学中小学二级教师，主要从事心理健康教育研究。

于慧珠，大连盲聋学校校长，正高级讲师，主要从事特殊教育、职业教育研究。

左志宏，华东师范大学教育学部副教授，硕士生导师，主要从事教师职业伦理、特殊教育与学前教育管理研究。

教学效能感的概念常被认为来自班杜拉(Albert Bandura)的自我效能理论[1]。学界倾向认为是一些学者将班杜拉的自我效能理论应用到教学研究领域中，从而衍生出教师教学效能感的概念[2]。但实际上，涉及教师相关效能感的探讨不仅不比班杜拉提出效能感的时间晚，甚至可能更早一些。比如，阿莫尔(David Armor)等[3]于1976年报告了洛杉矶少数族裔学校六年级学生阅读成绩的相关因素，其中除了强调学校层面的自主性外，还特别强调了教师灵活性(教法调整)的重要性，并在研究中使用了效能感(sense of efficacy)这一概念。这份80余页的报告也因最早使用教师效能感概念并对其进行了测量而被后来的研究者不断提及。伯曼(Paul Berman)等[4]认为，教学效能感是指教师在多大程度上影响学生学业任务完成的信念，或者是指教师对自己如何很好地影响学生的能力的信念。这一概念得到了较为广泛的接受。

阿什顿(Patricia T. Ashton)和韦伯(Rodman B. Webb)扩展了前人的概念，认为教师教学效能感由一般教学效能感(general teaching efficacy)和个人教学效能(personal teaching efficacy)构成，并于1986年编制了一个由8个项目构成的教师教学效能感问卷。[5]在我国，俞国良等[6]采用教师教学效能量表对师范院校在校生及中学教师进行了测查。因素分析结果表明，教师教学效能感可以分为一般教学效能感和个人教学效能感，印证了班杜拉的自我效能理论和阿什顿等的教师教学效能感模型。此问卷在国内教师教学效能感研究中应用颇为广泛。

不过需要指出的是，在教育领域中针对教师教学效能感的研究虽然较多，但专门针对特殊教师的研究却较鲜见。然而，关于教学效能感的研究对特殊教师具有特别重要的意义。乔丹(Anne Jordan)等认为，高教学效能感的教师能有效地满足特殊儿童的需要，而不管他是否接受过特殊教育的训练。不仅如此，在具体的教学方式上，高教学效能感的教师更多的是通过有效的教学策略激发特殊儿童的学习兴趣。[7]相比之下，低教学效能感的教师则往往通过控制来组织课堂。[8]

在普教与特教教师教学效能感的比较问题上，之所以国内外研究数量较少，是因为缺乏一个可同时用于两个群体的有效测量工具。因此，这方面的研究证据尚较零散。有研究发现，特殊教师在一般教学效能感方面显著高于普通教师。[9]但需要说明的是，在这些现有的关于普教与特教教师教学效能感比较的研究中，其测量工具多基于普教教师群体开发而来，因此并不适用于特教教师群体。未解决此问题基础上的普教与特教教师群体比较的结论可靠性与揭示性颇值得商榷。

考虑到教师教学效能感测量的重要性，以及尚缺乏一套兼顾普教与特教教师教学效能感问卷的实际情况，本研究拟遵循严格程序，致力于开发一套在普教与特教教师中具有普适性的教师教学效能感测量工具。问卷研制经历了文献查阅、半结构化访谈、初稿形成与初测、正式问卷形成与复测等环节，最终编制出一套可同时施测于普教与特教教师的教学效能感问卷。

一、编制程序

(一)文献查阅与半结构化访谈提纲编写

项目组通过系统查阅国内外有关普教与特教教师教学效能感的测量工具及研究，基于现有结果与结论，寻找二者在教学效能感方面的异同点。在此过程中，笔者最大限度地悬置学者们关于教师教学效能感、教师群体的观念和看法，以确保研究的科学性和客观性。项目组紧紧围绕普教与特教教师教学效能感的交集编制半结构化访谈提纲，并请教育专家对初拟的半结构化访谈提纲进行修正和完善，最后形成一个包含15个问题且可同时用于普教与特教教师的教学效能感访谈提纲。

(二)半结构化访谈

首先，对10名来自某特殊学校的教师进行

访谈。由校方提供名单，兼顾了工作性质、工作年限、性别、职称、年级段、年龄等因素，由该特殊学校统一将名单发送给项目组。项目组与这些教师取得联系，考虑到成本和距离等因素，双方商定通过视频的方式进行访谈。为求访谈效果，双方在访谈期间进行了场地的安置，以确保访谈不受外人打扰，顺利进行。接受访谈的时间在晚上，有些教师 20:00 开始，有些教师 20:35 开始，每人访谈时间把握在 30 分钟左右。

其次，对来上海参加培训的 10 名普教教师进行访谈，兼顾了所教科目、工作性质、工作年限、性别、职称、年级段、年龄等因素，项目组在华东师范大学中山北路校区的实验室完成预约访谈。访谈时间从每天 16:30 开始，每人接受访谈的时间在 30 分钟左右。访谈之前，接受访谈者签署知情同意书，访谈全程均有录音。访谈结束后，项目组对录音进行整理和编码。

（三）问卷初稿编制、项目确定及试测

根据访谈结果和质性编码结果，编制了教师教学效能感问卷初稿。初稿问卷共有 25 题。初稿形成后，请 6 名心理学、教育学和测量学专家（各 2 名）及 10 位教师对问卷项目表述的合宜性进行审查，对表述欠准确或易引起歧义的项目重新进行表述，最后形成待施测的教师教学效能感问卷初稿。问卷采用李克特 4 级计分法，1 表示完全不赞成，2 表示有点不赞成，3 表示有点赞成，4 表示完全赞成。

首先，对来自上海和长沙的 117 名（有效被试 105 名）中小学教师进行初稿试测。其一，让被试回答项目所表述的内容是不是教师教学效能感的合适检测问题，若不是，该如何表述更恰当；其二，让被试回答除了这些项目外，是否还存在其他项目，请被试予以添加。这样做的目的是防止访谈、审核程序可能造成的遗漏。结果发现，所有题项均被评定为可以测查教师教学效能感的项目。项目组又请专家对被试的一些增添意见进行审核，吸纳了个别代表性的表述，并将其归并到已有的项目表述中，或对已有的表述进行重组，仍得到一个 25 题的问卷。虽然此步骤在许多工具编制过程中并不采用，但为了严谨、严格地编制出适用性强的工具，还是使用了这一程序。

其次，对来自辽宁大连、山东东营、河南洛阳、安徽合肥的 210 名教师（有效被试 195 名）进行教师教学效能感问卷施测，对所获数据进行探索性因素分析。探索性因素分析过程是：首先，检查题总相关系数，发现各题项与总分都存在着显著相关；其次，采用主成分法，方差最大化旋转，提取特征根大于 1 的因子，进行探索性因素分析；接着，删除项目数小于等于 2 的因素下所有项目、因素载荷明显横跨 2 个以上因素的项目、与其他项目同属某一因素但语义和内涵明显不同的项目。最后得到正式问卷，再次请专家对因素命名和每一因素下项目表述的合宜性进行逐一审查。

（四）正式问卷测试

对来自上海、浙江、吉林、山东的 161 名教师进行正式问卷的测查。对所测得的数据进行验证性因素分析，以考察所编制的教师教学效能感问卷的结构效度。其中，有效数据 159 份。

此外，采用整群抽样的方法，于河南某市中小学抽取 260 名普教教师进行测量，回收有效问卷共 240 份。所得被试中，共有男 46 名，女 194 名。另于大连市及河南某市的特教学校选取 110 名特教教师进行测量，回收有效问卷共 102 份。所得被试中，共有男 25 名，女 77 名。数据用于对问卷进行进一步的效度验证。

（五）效标工具

教师压力问卷。由席居哲等人编制 [10]，问卷兼顾普教与特教教师两类群体。一共包括五个维度，分别为课堂教学、学生管理、专业成长、身心负荷、社会支持，每一维度包括 4 个项目，采用李克特 4 级计分法，1 表示没有压力，2 表示有点压力，3 表示压力较大，4 表示压力很大。各维度及总问卷的 Cronbach’s a 为 0.737—0.899。

中国成人心理弹性量表。由席居哲等人编

制，立足中国传统文化，聚焦中国人心理弹性的文化内核，在参考古今中外文献和深度访谈的基础上编制而成。量表共有 20 个项目，分为坚韧性、乐观性、自若性、执着性四个维度。该量表经过多次施测和修订，信效度指标优异，表现出良好的测量学属性。该量表采用李克特 6 级计分法，1 表示极其不像我，2 表示很不像我，3 表示有点不像我，4 表示有点像我，5 表示很像我，6 表示极其像我。各维度及总量表的 Cronbach' s a 为 0.805—0.913。

（六）测试过程

项目组把教师教学效能感问卷印制出来，采用纸笔测验方式，集体施测。测试时，两位研究者在场，在被测教师答题前进行简要的答题说明，并宣读了指导语，强调测查数据的保密性，请被试教师放心答题。

（七）数据管理与分析

质性分析通过录音进行整理、编码，在 Word 文档中列出编码结果。量化分析主要采用 IBM SPSS Statistics 22.0 和 IBM SPSS AMOS 22.0 进行，前者主要用于相关分析、探索性因素分析、信度分析等，后者主要用于验证性因素分析。

二、结果

（一）教师教学效能感问卷题相关情况

除去无效问卷 15 份，初稿测试有效被试为 195 人，教师教学效能感问卷初稿测试题总相关情况见表 1。各题项分与总分均存在显著相关，$rs\ (N=195) \geq 0.262$，$p < 0.001$。

（二）探索性因素分析

1. 一级探索性因素分析

项目组采用主成分法，方差最大化旋转，提取特征根大于 1 的因子，进行探索性因素分析。首先发现，KMO 值为 0.841，Bartlett 球形检验的渐进 $x^2\ (N=195,\ df=91) = 790.304$，$p < 0.001$，提示适合做探索性因素分析。接下来，删除项目数小于等于 2 的因素下所有项目、因素载荷横跨 2 个以上因素的项目、与其他项目同属某一因素但语义和内涵明显不同的项目。最后，得到含有 14 个项目的教师教学效能感问卷。这 14 个问卷项目与其总分的相关系数（题总相关）$r = 0.400—0.529$，$N = 195$，$p< 0.001$。因素载荷情况见表 2。可见，除了 14 题的因素负荷为 0.554 外，各因素在其项目上的因素载荷

表 1　教师教学效能感初稿测试题总相关情况（$N = 195$）

项目	相关系数	项目	相关系数	项目	相关系数
e1	0.293***	e10	0.262***	e19	0.287***
e2	0.460***	e11	0.570***	e20	0.327***
e3	0.335***	e12	0.513***	e21	0.356***
e4	0.392***	e13	0.512***	e22	0.371***
e5	0.537***	e14	0.525***	e23	0.410***
e6	0.309***	e15	0.402***	e24	0.401***
e7	0.495***	e16	0.206**	e25	0.358***
e8	0.545***	e17	0.408***		
e9	0.511***	e18	0.459***		

注：*** $p < 0.001$。

均在 0.600 以上。因素 1 和因素 2 的方差解释率分别为 25.316%、23.293%，累积方差解释率为 48.609%，方差解释率较高。根据各因素内涵及其构成，可将其分别命名为个人教学效能感和一般教学效能感。两个因素的内部一致性信度系数分别为 0.818、0.821，整体问卷的内部一致系数为 0.734，提示问卷信度良好。

2. 二级探索性因素分析

为探索所研制的教师教学效能感问卷是否存在二级因子，以个人教学效能感和一般教学效能感为指标，对其进行二级探索性因素分析。两个一级因素与总分的相关系数分别为 0.678、0.706，$N = 195$，$p < 0.001$，而两个一级因素直接的相关系数未达到显著水平，表明一级因素间区分度较大，适合区分为两个因素。因素分析检验结果发现，两个一级因素不适合做因素分析，这表明个人教学效能感和一般教学效能感分别测查了效能感的不同方面，二者间差异较大，不能归于同一因素。

（三）验证性因素分析

1. 问卷 14 个项目的相关分析

对 159 份有效问卷进行验证性因素分析。问卷 14 个项目之间的相关系数矩阵见表 3，实线框内的相关系数反映了各维度的项目的一致性情况。其中，“个人教学效能感”维度下项目间的相关系数 $r = 0.260$—0.527，“一般教学效能感”维度下项目间的相关系数 $r = 0.242$—0.536。总体上看，维度内的项目间相关系数多大于维度间项目相关系数，

表 2 因素载荷情况

项目	1	2
e21	0.783	
e22	0.763	
e20	0.720	
e19	0.693	
e18	0.642	
e23	0.641	
e24	0.626	
e5		0.760
e11		0.753
e9		0.729
e7		0.704
e2		0.681
e15		0.638
e14		0.554
特征根	3.544	3.261
方差解释率（%）	25.316	23.293
Cronbach’s a	0.818	0.821

注：因素载荷小于 0.35 者未予显示；e21 意为在 25 题教师效能感问卷中第 21 题，余类推。

表3 教师教学效能感问卷14个项目的相关系数矩阵

	e2	e5	e7	e9	e11	e14	e18	e19	e20	e21	e22	e23
e5	0.424**	1	0.457**	0.527**	0.510**	0.318**	0.060	-0.099	-0.043	-0.063	0.025	0.083
e7	0.379**	0.457**	1	0.403**	0.494**	0.274**	0.033	-0.067	-0.035	-0.026	-0.058	-0.035
e9	0.406**	0.527**	0.403**	1	0.452**	0.260**	0.040	-0.125	-0.027	-0.075	-0.021	-0.012
e11	0.446**	0.510**	0.494**	0.452**	1	0.370**	0.040	-0.112	-0.015	-0.013	-0.044	0.058
e14	0.294**	0.318**	0.274**	0.260**	0.370**	1	0.065	-0.007	-0.032	0.000	0.005	-0.089
e15	0.344**	0.363**	0.387**	0.426**	0.312**	0.326**	0.015	-0.060	-0.083	-0.091	-0.044	-0.089
e19	-0.136	-0.099	-0.067	-0.125	-0.112	-0.007	0.296**	1	0.443**	0.536**	0.478**	0.378**
e20	0.007	-0.043	-0.035	-0.027	-0.015	-0.032	0.306**	0.443**	1	0.502**	0.502**	0.417**
e21	-0.090	-0.063	-0.026	-0.075	-0.013	0.000	0.408**	0.536**	0.502**	1	0.457**	0.390**
e22	0.025	0.025	-0.058	-0.021	-0.044	0.005	0.473**	0.478**	0.502**	0.457**	1	0.371**
e23	0.028	0.083	-0.035	-0.012	0.058	-0.089	0.307**	0.378**	0.417**	0.390**	0.371**	1
e24	-0.010	0.032	-0.006	0.021	0.053	0.062	0.375**	0.242**	0.308**	0.478**	0.394**	0.307**

注：因为相关矩阵是三角阵，所以淡化了同样的另一半相关系数（此一半与另一半完全相同）；各实心梯形框内的相关系数即各因素内项目的相关系数；这里的均达到统计学意义极其显著水平（$**p < 0.01$）。

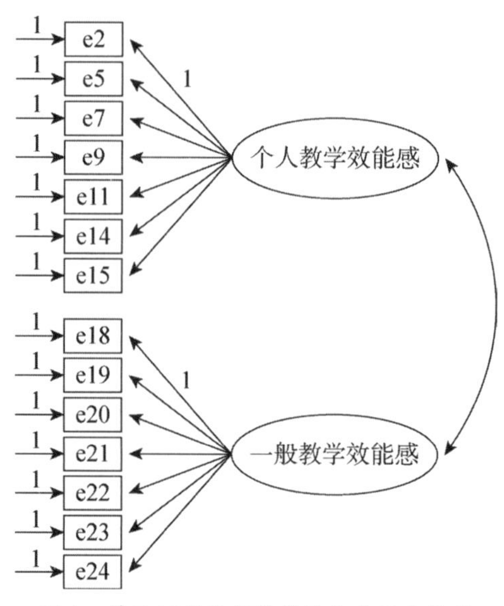

图1 待验证的教师教学效能感问卷模型

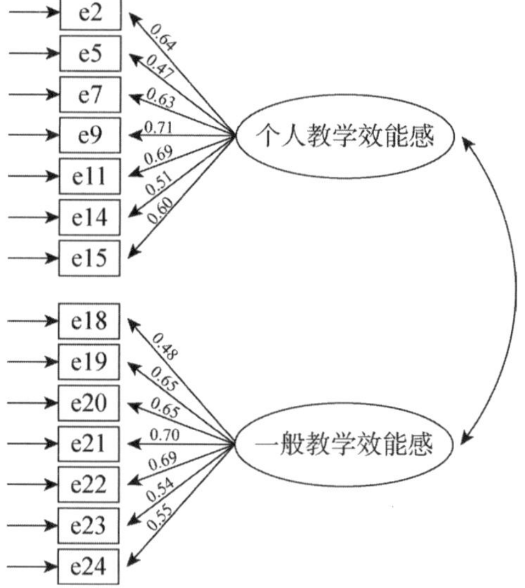

图2 教师教学效能感问卷验证性因素分析路径

个人教学效能感维度的题目和一般教学效能感的题目的相关系数很低，均未达到显著性水平，提示该工具在测查不同维度上的区分功效比较明显，进一步说明两个因素为相互独立的因素。

2. 待验证的模型路径图

待验证的教师教学效能感模型见图1，教师教学效能感问卷验证性因素分析路径见图2。

3. 模型输出结果

利用软件IBM SPSS AMOS 22.0将所获159名教师的数据载入模型，运行结果显示，该模型拟合良好。其中，$x^2/df = 1.123 < 3$，GFI = 0.932，TLI = 0.979，CFI = 0.982，RMSEA = 0.028 < 0.080，各因子标准化载荷为0.47—0.71，均达到统计学意义的极其显著水平（$p < 0.001$）。两个

表 4　特教教师与普教教师在教学效能感上的差异

因素	教师分类	*N*	*M*	*SD*	*t*	*p*
教学效能感	普教教师	240	2.720	0.471	−3.752***	<0.001
	特教教师	102	2.939	0.548		
个人教学效能感	普教教师	240	3.005	0.466	−0.760	0.448
	特教教师	102	3.053	0.568		
一般教学效能感	普教教师	240	2.436	0.634	−5.171***	<0.001
	特教教师	102	2.826	0.652		

注：* $p<0.05$；$^{+}p<0.10$。

潜变量相关不显著，$r=-0.074$，$p=0.455>0.05$，且在二级探索性因素分析中也发现两个因子不能归属于同一个大因子，因此在模型中作为两个独立的潜变量。

4. 效度检验

（1）两类教师群体教学效能感问卷得分差异比较

两类教师群体教学效能感问卷得分的均值和标准差如表 4 所示。独立样本 t 检验发现，总体上两类教师群体教学效能感问卷得分存在显著性差异，$t=-3.752$，$p<0.001$，普教教师的教学效能感问卷总体得分小于特教教师。进一步分析发现，该差异主要是由于一般教学效能感得分的差异导致，$t=-5.171$，$p<0.001$；在个人教学效能感得分上，不存在统计学意义的显著性差异，$t=-0.760$，$p=0.448$。

（2）教师教学效能感与工作压力、心理弹性相关

相关分析表明，教师教学效能感总分与工作压力总分显著相关：普教教师群体，皮尔逊相关 $r=-0.331$，$N=240$，$p<0.01$；特教教师群体，$r=-0.340$，$N=102$，$p<0.01$。相关分析表明，教师教学效能感总分与成人心理弹性总分显著相关：普教教师群体，$r=0.300$，$N=240$，$p<0.01$；特教教师群体，$r=0.454$，$N=102$，$p<0.01$。

三、讨论

（一）教师教学效能感的构成：兼顾普教与特教教师的结果

本研究通过严格的问卷编制程序，开发了一套可同时用于普教教师和特教教师的教学效能感测查工具。结果发现：教师教学效能感由个人教学效能感和一般教学效能感两部分组成，且两部分互相独立。个人教学效能感是指教师对自己在教学工作中能影响学生的信念，一般教学效能感是指教师对普遍教育可以影响所有学生的信念。无论是普教教师还是特教教师，都会对自己的教学及教育抱有一定的信念。他们相信自己的努力能改变学生，或者认为教育对学生改变无能为力，因此教师的教学效能感也存在着不同。由于工具研制基于两类教师群体，这为探测两类教师群体教学效能感的特点提供了测量依据。

本研究所发现的教师教学效能感分为个人教学效能感和一般教学效能感，与前人的研究一致，表明本问卷结构依然与前人的理论和发现相契合。但本问卷在编制分析中也发现了与前人结论的不同之处：比如个人教学效能感和一般教学效能感理应归属于教学效能感这个二级因子下，但统计分析表明，虽然二者与教学效能感总

分均存在显著相关，但两个因子间的相关性却很低，且因素分析不适宜提取出公因子。提示两个因子可能属于独立因子，这也为教师教学效能感测查提供了新的思考路径。

（二）教师教学效能感问卷的心理测量属性

此 14 项教师教学效能感问卷，经历了科学严谨的编制和分析过程，从文献回顾到确定半结构化访谈提纲，从访谈到编码，从初稿到定稿再到最终稿，项目组基于文献查阅、一线教师的访谈记录、专家意见和数据测查结果，经历了完整的心理测量学检验过程。无论是内部一致性信度还是结构效度方面，均属良好。再经过探索性因素分析后，又用新的样本进行验证性因素分析。本研究较为系统地检测了教师教学效能感问卷的信度和效度。总体上看，无论是质性的材料还是量化的统计结果，均一致地提示，本工具在兼顾普教和特教教师教学效能感测量方面，将有着广泛的应用空间。为便于使用和传播，研究者拟将此问卷简称为 EQT-14，为英文 14-item Efficacy Questionnaire for Teachers 的缩写。

（三）进一步研究设想

后续的工作是，通过对两类教师群体的数据收集，在进一步探讨教师教学效能感问卷准则关联效度的基础上，具体探讨和分析特教教师教学效能感的特点及其相关因素、影响作用；发现职业效能感和职业倦怠、工作压力间的中介或调节作用，探讨其中的保护性因子及其作用机制；并通过对这些机制的深入分析，探求提高教师教学效能感的教育管理策略，从而为增加特殊教师的心理能量、提升他们的教育生活质量提供理论和实践方面的证据。而且，本研究所发现的普教教师与特教教师在教学效能感上的显著差异，对理解两种类型学校背景下的教师职业成长的意蕴有参考价值，亦值得在今后的研究中进行系统探究。

参考文献：

[1] Bandura A. Self-efficacy mechanism in human agency[J]. American Psychologist, 1982（2）: 122–147.

[2] Coladarci T. Teachers' sense of efficacy and commitment to teaching[J]. The Journal of Experimental Education, 1992（4）: 323–337.

[3] Armor D, Conroy-Oseguera P, Cox M, et al. Analysis of the school preferred reading programs in selected Los Angeles minority schools[R]. Santa Monica CA: The Rand Corporation, 1976.

[4] Berman P, McLaughlin M W, Bass G, et al. Federal programs supporting educational change, Vol. VII: Factors affecting implementation and continuation[R]. Santa Monica CA: The Rand Corporation, 1977.

[5] Ashton P T, Webb R B. Making a difference: Teacher's sense of efficacy and student achievement[M]. New York: Longman, 1986.

[6] 俞国良，辛涛，申继亮 . 教师教学效能感：结构与影响因素的研究 [J]. 心理学报，1995（2）：159–166.

[7] Bender W N, Ukeje I C. Instructional strategies in mainstream classrooms: Prediction of the strategies teachers select[J]. Remedial and Special Education, 1989（2）: 23–30.

[8] Woolfolk A E, Hoy W K. Prospective teachers' sense of efficacy and beliefs about control[J]. Journal of Educational Psychology, 1990（1）: 81–91.

[9] 金泽勤，李祚山，刘晶 . 普通教师与特殊教育教师职业倦怠和教学效能感的比较 [J]. 中国组织工程研究与临床康复，2007（52）：10621–10624.

[10] 席居哲，于慧珠，黄白金，等 . 教师压力问卷的编制：兼顾普教与特教教师 [J]. 上海教师，2021（2）：118–127.

Development of an Efficacy Questionnaire for Teachers in Ordinary and Special Schools

XI Juzhe[1,2,3] HUANG Baijin[1,4] WANG Lujing[1,5] YU Huizhu[6] ZUO Zhihong[7]

(1. Shanghai Key Laboratory of Mental Health and Psychological Crisis Intervention, School of Psychology and Cognitive Science, East China Normal University, Shanghai 200062;

2. Mental Health Center Affiliated to East China Normal University, Shanghai 200335;

3. Positive Education China Academy, Han-Jing Institute for Studies in Classics, East China Normal University, Shanghai 200062;

4. Political Department of Luoyang Public Security Bureau, Luoyang, Henan 471000;

5. No.48 Middle School of Zhengzhou, Zhengzhou, Henan 450000;

6. Dalian School for the Blind and Deaf, Dalian, Liaoning 116011;

7. Faculty of Education, East China Normal University, Shanghai 200062, China)

Abstract: Currently there has been little research on the teaching efficacy of special education teachers, and the existing questionnaires of teaching efficacy is mainly based on ordinary teachers, which could not be applied to special education teachers. There is still a lack of relevant measurement tools that can consider both ordinary education and special education teachers. This situation makes it impossible to compare special education teachers with their ordinary education counterparts, and it is more difficult to grasp the characteristics of special education teachers' teaching efficacy. Through the collection and collation of the existing teaching efficacy questionnaires and through the semi-structured in-depth interviews with special education teachers and ordinary education teachers, the interview data were coded based on the grounded theory to find the key description of teaching efficacy and generate the first draft of teaching efficacy questionnaire. Experts and teachers were invited to assess the appropriateness of the items one by one to ensure content validity. The factors of teaching efficacy were determined through preliminary tests and Exploratory Factor Analysis (EFA). The structure validity of the questionnaire was verified through retest and Confirmatory Factor Analysis (CFA). The analysis of reliability and validity showed that the efficacy questionnaire for teachers (EQT-14) had good psychometric properties.

Key words: Efficacy Questionnaire for Teachers, Ordinary Schools, Special Schools, Questionnaire Development

（责任编辑：袁玲　王永静）

图书在版编目（CIP）数据

上海教师. 第4辑 / 上海市师资培训中心编. — 上海：上海教育出版社，2021.10
ISBN 978-7-5720-1181-8

Ⅰ. ①上… Ⅱ. ①上… Ⅲ. ①教师 – 生平事迹 – 上海 – 现代②教育 – 文集 Ⅳ. ①K825.46 ②G4-53

中国版本图书馆CIP数据核字(2021)第208064号

责任编辑　汪海清　周琛溢
封面设计　陆　弦

上海教师（第4辑）
上海市师资培训中心　编

出版发行　上海教育出版社有限公司
官　　网　www.seph.com.cn
地　　址　上海市永福路123号
邮　　编　200031
印　　刷　上海中华印刷有限公司
开　　本　890×1240　1/16　印张 8
字　　数　230 千字
版　　次　2021年10月第1版
印　　次　2021年10月第1次印刷
书　　号　ISBN 978-7-5720-1181-8/G·0926
定　　价　30.00 元

如发现质量问题，读者可向本社调换　电话：021-64377165